──────────── 님의 소중한 미래를 위해
이 책을 드립니다.

나는 적당히 부족한 엄마로 살기로 했다

나는 적당히
부족한 엄마로
살기로 했다

좋은 엄마이기를 포기하면
달라지는 것들

송미선 지음

메이트북스

메이트북스 우리는 책이 독자를 위한 것임을 잊지 않는다.
우리는 독자의 꿈을 사랑하고,
그 꿈이 실현될 수 있는 도구를 세상에 내놓는다.

나는 적당히 부족한 엄마로 살기로 했다

초판 1쇄 발행 2019년 11월 10일 | **초판 2쇄 발행** 2020년 7월 15일 | **지은이** 송미선
펴낸곳 ㈜원앤원콘텐츠그룹 | **펴낸이** 강현규·정영훈
책임편집 안정연 | **편집** 안선영·유지윤 | **디자인** 최정아
마케팅 김형진·정호준 | **경영지원** 최향숙·이혜지 | **홍보** 이선미·정채훈·정선호
등록번호 제301-2006-001호 | **등록일자** 2013년 5월 24일
주소 04607 서울시 중구 다산로 139 랜더스빌딩 5층 | **전화** (02)2234-7117
팩스 (02)2234-1086 | **홈페이지** www.matebooks.co.kr | **이메일** khg0109@hanmail.net
값 15,000원 | ISBN 979-11-6002-258-2 03370

이 도서의 국립중앙도서관 출판시도서목록(CIP)은 e-CIP홈페이지(http://www.nl.go.kr/ecip)에서
이용하실 수 있습니다.(CIP제어번호 : CIP2019041485)

아이의 속도에 맞추어야 할 뿐,
억지로 일어나는 일은 없다.

· 도널드 위니컷 ·

'좋은 엄마, 괜찮은 엄마'라는
프레임에서 벗어나자

"저는 이 정도면 괜찮은 엄마인가요?"
"제가 엄마로서 잘한 건가요?"
"저도 좋은 엄마가 되고 싶어요."

소아청소년 정신과 전문의로 일해오면서 엄마들로부터 수없이 듣는 이야기입니다. 양육과 관련된 넘쳐나는 육아 서적, TV 프로그램, 인터넷 정보, 전문가들의 조언을 얻기 위해 상담을 받으러 오는 엄마들은 '좋은 엄마 되기'의 웬만한 공식은 이미 알고 계십니다. 그럼에도 아이의 마음이 불편해보이거나 엄마 마음에 죄책감이 들면 더 많은 이야기를 듣고 싶어 전문기관을 찾곤 하지요.

대한민국에서 50년 전에 비해 부모가 아이에게 쏟아붓는 시간, 에너지는 월등히 늘어났는데, 아이를 키우면서 느끼는 불안과 걱정은 오히려 더 많아진 것 같습니다.

친정과 시댁 부모님에게 "애 엄마가 유별나게 과민한 거 아니냐?"라는 이야기를 듣기도 합니다. 엄마가 아이에 관한 것을 주변에 의논하거나 걱정하는 것에 대해 자세한 내막은 알아보려 하지도 않고 무턱대고 '맘충'이라고 비하하는 인터넷 댓글도 심심찮게 보입니다.

엄마는 자신이 좋은 엄마까지는 아니더라도 괜찮은 엄마가 되고 싶어 노력을 하는 것인데, 주변 사람들로부터 이해받지 못하면 서운하고 화가 납니다. 저는 소아청소년 정신과 전문의이지만 엄마들이 듣고 싶어 하는 정답을 신통하게 해줄 수 있는 사람은 아니기에 최대한 엄마들을 이해하려고 노력합니다. 그래서 엄마들에게 이렇게 질문합니다.

"좋은 엄마란 무엇이라고 생각하세요?"
"어떤 일이 생길 때 나는 괜찮은 엄마가 아닌 것 같다는 생각이 드시나요?"

좋은 엄마에 대한 개념은 기존의 방대한 정보와 그로 인한 통념으로 만들어집니다. 많은 정보에 노출되고 학습 경험이 있는 엄마들은 '아이에게는 이렇게 해주는 것이 좋고, 이렇게 하는 것은 피해야 한다'는 양육 정보를 잘 지키는 것이 '좋은 엄마'라고 생각합니다.

좋은 엄마라면 아이의 이야기를 잘 들어줘야 하고, 아이의 자존감을 높여줄 수 있어야 하며, 아이와 대화할 때 합리적으로 이야기해야 한다고 합니다. 아이의 기질을 잘 파악하고 창조적이고 독립적인 아이로 이끌어야 한다는 어렵고 심오한 이야기도 나옵니다. 또한 아이에게 지나친 성취 압력을 주어서는 안 되며, 최소한 평범하고 행복한 아이로 자라게 해주는 것이 좋은 엄마라고 대답하시는 분도 있습니다.

좋은 엄마의 기준에 대해서 듣다 보면 아이 둘을 키우는 저는 괜스레 마음이 찔리고 부끄러워집니다. 엄마들이 실수하는 부분을 저 역시 하고 있고, 좋은 엄마에 해당되지 않는 부분이 꽤 있기 때문입니다. 고백하건대 저도 어디에 가서 자신 있게 좋은 엄마라고 말하지 못합니다.

예전에 비해 엄마가 아이를 위해 충족시켜야 하는 기준이 매우 높아진 것은 사실입니다. 그리고 이러한 기준에서 벗어날 때마다 엄마들은 자신이 괜찮은 엄마가 아닌 것 같아 실망합니다.

엄마가 실수를 하더라도 이것을 받아들이고 좋은 기회로 만드는 것은, 아이를 키우는 데 반드시 필요한 과정입니다. 아이에 대한 사랑으로 아이에 대한 생각을 더 많이 한다면 괜찮습니다. 하지만 자신의 실수나 잘못을 자책하고 슬퍼하며, 아이에게 미안해하고 과도하게 보상하려고 할 때 무언가 일이 틀어지기 시작합니다.

저는 이 책을 통해서 엄마들이 '좋은 엄마, 괜찮은 엄마'라는 프레임에 갇혀 스스로를 자책하고 힘들어 하는 일들이 조금이나마 줄었으면 합니다. 좋은 엄마라는 이상과 경쟁이 만연한 아이들의 환경, 모순된 유교적인 잣대 사이에서 지치고 외로운 엄마들에게 이 책이 아무쪼록 작은 위로가 되었으면 합니다.

송미선

차
례

지은이의 말 '좋은 엄마, 괜찮은 엄마'라는 프레임에서 벗어나자   6

1장

처음부터 엄마로 태어나진 않았다

임신과 출산, 누구도 미리 알려주지 않았던 변화   17
아이의 나이만큼 엄마도 자란다   23
엄마는 본능적으로 아이에게 무언가를 해주려고 한다   29
내 안에 새겨진 친정 엄마의 흔적   34
엄마 본능이 부정적 경험에서 나온 것일 때   39
엄마가 아이에게 몰두할 수 있도록 주변 환경이 도와야 한다   44

2장

아이는 엄마에게 전적으로 의존한다

엄마에게 돌봄받던 기억이 삶의 힘이 된다   53
엄마의 역할은 어디까지인가?   59
의존했던 아이는 결국 엄마로부터 독립한다   64
엄마가 아이에게 해줄 수 없는 것들도 있다   70

3장

아이를 바로 알기 위한 엄마 공부법

아이를 안아주고 다루어주기   79

아이가 원하는 것을 참을 수 있게 좌절시키기   84

아이의 감정에 이름 지어주기   90

실패해도 다시 일어나는 아이 지켜보기   94

아이에 대해 공부하는 것이 진정한 사랑이다   98

4장

적당히 부족한 엄마로도 충분하다

좋은 엄마이고 싶은 보통의 엄마들   105

아이에게 세상을 소개시켜주기   109

흔들림 없이 아이를 믿어주는 엄마의 모습 보여주기   113

어려운 일이 있을 때 열심히 도와주는 엄마   117

아이가 커 나가면서 엄마 역할 줄이기   122

5장
적당히 부족한 엄마는 아이와 이렇게 소통한다

친구관계가 힘든 아이와의 대화   131

몸에 상처를 내는 아이와의 대화   137

쉽게 포기하는 아이와의 대화   143

잘 안 고쳐지는 버릇을 가진 아이와의 대화   148

화를 많이 내는 아이와의 대화   154

고집이 센 아이와의 대화   158

걱정이 많은 아이와의 대화   165

6장
엄마의 부족함이 아이의 성장을 자극한다

엄마의 부족함이 아이에게 주는 영향   173

실수했다가 개선하는 엄마   178

부족한 엄마에게서 배우는 아이   183

부족하면 부족한 대로 지내보기   188

7장

적당히 부족한 엄마와 좋지 않은 엄마는 다르다

아이에게 몰입하기 힘든 엄마 197

아이를 우상화하는 엄마 203

아이의 독립을 방해하는 엄마 209

아이를 감정의 배출구로 사용하는 엄마 215

아이를 혼란스럽게 만드는 엄마 221

좋지 않은 엄마는 아이에게 어떤 영향을 미치는가? 227

8장

엄마이기 이전에 '나'를 찾자

엄마이기 이전에 한 인간으로서 나를 찾자 237

좋은 엄마에 대한 환상과 좌절 243

부족한 환경을 유익한 방향으로 바꾸기 248

현재 엄마의 삶에서 한 발짝씩 앞으로 나아가면 된다 254

한 여성이 처음으로 엄마 역할을 하게 되면 예상치 못했던 일을 겪으며 기쁨과 좌절, 책임감과 두려움 같은 다양한 감정을 경험한다. 아이의 반응을 관찰하며 아이의 타고난 기질을 알게 되고, 아이의 나이만큼 엄마도 성장하게 된다. 아이에게 무언가라도 더 해주려고 본능적으로 애를 쓸 때 엄마는 아이만큼 자기 자신을 아껴야 한다. 불편한 감정이 올라오면 그것이 어디에서 시작된 것인지 살펴보고, 좋은 엄마가 되려고 노력하는 자신을 다독여야한다. 아빠는 엄마가 아이에게 집중할 수 있게 도와야 하며, 아이에 대한 중요한 결정에 적극적으로 참여해야 한다.

처음부터 엄마로
태어나진 않았다

임신과 출산, 누구도 미리 알려주지 않았던 변화

엄마는 아이를 낳고 키우는 과정에서
예상하지 못했던 일들을 겪으며
기쁨, 행복과 실망 같은 다양한 감정을 느끼게 된다.

나는 정신건강의학과 전공의 3년차 중반에 임신 사실을 알게 되었다. 친정 부모님과 시댁 부모님 모두 기뻐하셨고, 타 지역에서 공중보건 의사로 일해 주말 부부로 지내던 남편은 꽃다발을 주면서 축하해주었다.

결혼하면 언젠가는 아이를 갖게 될 것이라고 생각한 나는 임신 사실이 기쁘면서도 혼자 있을 때면 꽤 마음이 심란했다. 임신 후 내가 가장 먼저 한 일은 출산 예정일을 확인하고 그 전후로 내가 해야 하는 전공의 과정을 확인하는 것이었다.

교수님들에게 정중히 말씀드리고 동기들에게 출산 휴가에 대해 이야기할 때에는 마냥 당당하지만은 못했다. 임신 사실을 알린 뒤 축하인사도 많이 들었지만 스스로 주변의 눈치를 꽤 많이 보았던 것 같다.

나에게 온 아이에게 감사하면서도 '출산 이후 누구에게 아이를 맡겨야 하나' '전문의 시험은 잘볼 수 있으려나' 등의 생각이 앞섰다. 그리고 결정적으로 장기적인 내 목표를 수정해야 한다는 것도 알게 되었다. 물론 현재 시점에서 지나온 과정에 대한 아쉬움은 없다. 하지만 그 당시 내가 느꼈던 복잡한 감정들을 가끔 떠올려 볼 때가 있다. 나에게 상담을 받으러 오는 엄마들도 분명히 이러한 시기를 거쳤을 것이다.

의과대학에서 임신, 출산의 과정을 배웠기에 나는 내가 꽤 능숙하게 적응할 줄 알았다. 하지만 내가 겪은 임신 과정은 친정 엄마도 나에게 이야기해주지 않은, 의학 교과서에도 나오지 않은 것들이었다. 임신 4개월이 되자 병동에서 환자들과 면담을 해야 하는데 예전에는 의식하지 못했던 환자들의 체취, 음식 냄새가 하나하나 느껴졌다. 병동에서 나는 냄새가 불편해 잠깐씩 밖에 나갔다 오곤 할 정도였다.

의무기록을 작성하고 콘퍼런스를 듣는 동안 나른하고 졸린 것도 당황스러웠다. 예전 같으면 30분 안에 끝낼 문서 작업을 저녁 내내 붙잡고 있는 나를 보면서 한심하고 나약하게 느껴졌다. 다른 사람들은 태교 음악을 듣고 명상하며 지낼 텐데 이런 스트레스를 받으면 아이에게도 안 좋은 영향을 줄까 걱정되었다.

아이를 갖는 것이 축복이고 마냥 행복한 일이라고 생각하기가 어려운 것이 나의 현실이었다. 이러한 감정을 글로 표현하는 일이 두렵기도 했지만, 나는 내 딸에게 나의 경험을 솔직히 알려주는 것이 낫다고 생각한다.

출산 예정일이 다가올수록 쉽게 지치고 나른해졌고 내가 알던 나와 달라지는 것에 대해 속상했다. 체중이 18킬로그램이 늘어 의사 가운 단추가 채워지지 않았고 살이 터진 배와 다리, 퉁퉁 부은 발을 보면서 기쁜 일이라고 생각하려고 노력했다. 그리고 한편으로는 '친정 엄마가 나에게 왜 이런 과정을 이야기해주지 않았을까' '내가 너무 예민한 건가' 고민하기도 했다.

처음 겪는 경험이어서 값진 것들

임신과 출산 과정을 거치면서 내가 자랑스럽게 여기는 것은, 하지 않았으면 도저히 모를 일들을 경험했다는 것이다. 겪은 일과 겪지 않은 일에 대해서는 느끼는 것과 생각하는 것에 큰 차이가 있다.

나는 출산 후 휴가를 조금이라도 더 쓰기 위해 출산 전날까지 일을 하려고 했다. 그러다 퇴근해서 아파트 계단을 오르는 순간 양수가 터져 나와 다시 병원으로 가야 했다. 그러면서도 출산 과정을 지식으로만 알고 있던 나는 곧 임신 기간의 불편감이 사라지겠지 하는 철없는 생각도 했다.

10시간이 넘는 진통 후 자연분만으로 출산했다. 그러나 그게 끝이 아니었다. 모유 수유를 고집했던 나는 그날 밤새 아이와 씨름했다. 이후 한 달간 아이는 배고파 보채고, 나는 강한 의지로 모유 수유를 했다. 태어나서 처음으로 한 시간 간격의 쪽잠을 자면서 '엄마들은 이렇게 아이를 키웠구나' 하는 생각이 들었다.

이따금 거울을 보면 퉁퉁 부어 있는 얼굴과 흐물흐물해진 살들을 보면서 허탈해지기도 했지만, 아이를 안을 때면 아이의 작고 귀여운 손발은 이내 나를 기쁨으로 충만하게 했다.

출산 휴가가 끝나고, 도저히 남의 손에는 아이를 못 맡기겠다 싶어 시어머니의 도움을 받기로 했다. 신뢰할 수 있는 시어머니와 나의 공동작업으로 안정된 애착관계를 만들어가고 있다고 확신하고 싶었다.

나의 첫째 딸은 4세까지 출산 후부터 곁에 두었던 겉싸개에서 떨어지지 못했다. 잠을 잘 때도 항상 겉싸개를 안고 손가락을 빨면서 잤다. 심지어 겉싸개가 더러워져 세탁을 하면 말리는 과정까지 지켜보고 있었다. 물론 지금은 이 과정이 비정상적이라고 생각하지는 않지만 그 모습을 보는 내내 나는 마음이 저려오고 아팠다.

생후 3개월 이후부터는 함께하는 시간이 평일 저녁 7~8시 이후, 주말로만 제한되었던 것이 영향을 주는 것 같아 죄스러웠다. 그리고 나만큼 마음 아파하지 않는 것 같은 남편이 미웠다. 공중 보건의를 마치고 대학 교수가 되기 위해 많은 시간을 병원에 있었던 남편에 대해 원망을 느끼지 않았다면 거짓말이다.

하지만 숟가락을 스스로 들고, 얼굴에 온통 요거트를 묻히면서 먹는 아이의 모습과 어느 순간 말이 터져 나와 내가 평생 느껴보지 못했던 즐거움을 준 딸에게 감사한다. 물론 주도적인 면이 강해서 옆에서 도와주면 울고 뒤집어지던 것을 참아내던 고통쯤은 덤이었다고 생각한다.

예상치 못한 일이 닥치고 그것을 경험한 일은 내 감정을 들여다보고 성숙해지는 데 큰 도움이 되었다. 아이를 낳고 키우는 것의 장점이 있다면 바로 이것이 아닐까. 나에게 상담을 하러 오는 엄마들도, 아이를 키우며 미처 예상하지 못했던 일들을 겪으며 기뻐하다 슬퍼하기를 반복하고 있었을 것이다.

엄마 경험을 주변과 나누자

만약 내가 그 시절로 돌아간다면, 한 가지 변화를 주고 싶은 것이 있다. 엄마가 되면서 겪었던 당혹스러운 일들에 대해 조금 더 당당하고 편안하게 주변에 알리고 도움을 청하는 것이다. 출산 휴가가 끝나고 시간 맞춰 모유를 짜내서 보관할 수 없다 보니 퉁퉁 부푼 젖가슴에서 젖이 새어나오면 화장실에서 옷을 갈아입었다. 가슴의 통증도 심했고 열이 39도까지 올라도 그저 진통제를 먹으며 버텼다.

미리 경험한 선배들도 있었는데, 왜 고통스러운 경험을 참아야만 하는 것으로 여겼는지 후회가 된다. 당장 누군가가 해결해줄 수 없는 일이라 하더라도, 이해받지 못하더라도 부끄럽거나 참기만 할 일은 아니었다.

지금 이와 비슷한 경험을 하는 엄마들이 있다면 해결책을 모르는 것은 너무도 당연한 일이므로 어려움과 고민을 주변에 알리고 도움을 받을 것을 권한다.

아이의 나이만큼
엄마도 자란다

아이를 자세히 관찰하면 더 많이 알게 되고,
아이에게 무엇을 해줘야 할지 배우게 된다.
경험과 깨달음이 늘어난 엄마는 그만큼 유능해진다.

다정이는 쑥스러움을 많이 타고 주변을 지나치게 살피는 편이지만 집에서는 엄마와 아빠에게 애교가 많고 원하는 것이 있으면 콕 집어서 이야기를 하는 야무진 아이다.

그런데 48개월이 되어 어린이집을 가면서 다정이 엄마의 걱정거리가 생겨났다. 담당 선생님으로부터 "다정이가 원래 말을 잘 안 하나요? 주변 눈치를 보는 것 같아요. 혹시 다정이가 집에서 스트레스 받는 게 있나요?"라는 이야기를 들은 것이다. 다정이 엄마는 깜짝 놀랐다. 전혀 예상치 못한 선생님 질문에 엄마로서 무언가 놓친 것이 있는 것 같아 속상했다.

이후 다정이가 어린이집에서 편안하게 웃고 이야기하는 데 1년이 걸렸다. 1년 동안 다정이 엄마는 아이에게 어떤 것이 불편한지 물어보기도 하고, 어린이집 선생님들이 얼마나 친절한 분들인지 설명하기도 했다. 가끔은 어린이집에서 큰 소리로 대답하고 이야기하면 캐릭터 장난감을 사주겠다고 하기도 하고, 어른을 만났을 때 인사를 안 하는 아이를 야단치기도 했다.

　차츰 어린이집에서 다정이의 밝은 모습이 나타나고 엄마의 걱정도 줄어들었을 무렵 다정이는 7세가 되어 한 반에 20명 정도 같이 생활하는 유치원에 들어갔다. 유치원에서의 첫날, 다정이는 굳은 얼굴로 마지못해 교실로 들어갔다. 교실에서는 자기 자리에만 붙박이처럼 앉아 있었고 아이들과 어울리지 않는 날들이 이어졌다.

　다정이 엄마는 어린이집에서의 적응 과정이 다시 시작되는 것 같아 마음이 아프고, 내년에 학교를 가야 하는데 이대로는 안 될 것 같아서 상담실을 찾게 되었다.

　처음 진료실로 들어와 나를 만나던 다정이의 눈빛이 지금도 기억이 난다. 다정이는 엄마에게 등 떠밀려 방으로 들어오긴 했지만 의자에 앉아야 할지, 그대로 서 있어야 할지 고민하며 한참을 서 있었다. 와서 앉아도 된다고 말하자 의자에 조심스럽게 앉았고, 내 얼굴을 쳐다보면서 침을 꼴깍 삼켰다.

　다정이 엄마가 상담 전에 작성한 설문지에는 "아이가 선택적 함묵증이 의심된다"고 적혀 있었다. 하지만 다정이는 나의 질문에 작은 목소리로 대답도 하고, 시간이 지나니 살짝 미소를 짓기도 했다. 나의 질문을 잘 이해하고 상대가 원하는 것을 잘 대답했다.

어떤 기질의 아이가 나에게 올지 미리 알 수는 없다

"원했던 아이이고 발달이 빨라서 아이가 적응하기 힘들어 한다는 말을 들었을 때 너무 충격이었어요. 집에서는 밝게 지내니 내가 아이 마음을 너무 모르는 건지, 아이가 유치원에 가서 일부러 그렇게 행동하는 건지 헷갈려요."

"남편은 우리 집안 사람들은 다 소심하다며 장난스럽게 이야기하는데, 그렇게 넘길 일만은 아닌 것 같아서요."

"다정이가 나에게 모든 것을 말하는 줄 알았는데 뭔가 숨기는 것 같아요."

"아이가 사람들 앞에서 말을 잘 안 하니 내가 무언가를 잘못 하고 있는 것 같았어요."

"명절에 시댁에 가서 친척들을 만나면 나한테서 떨어지지 않아서 당황스럽기도 하고, 다른 사람들 앞에서만 이렇게 행동하는 아이가 원망스러울 때도 있었어요."

다정이 엄마는 아이가 유치원에서 편안해 보이지 않는 것이 엄마로서 역할을 제대로 하지 못했기 때문인 것 같았다. 아이가 보이는 특성이 엄마의 양육 태도 때문이라고 생각했다. 엄마의 스마트폰에 담겨 있는, 집에서의 다정이 모습은 매우 밝아 보였고, 말도 유창하게 잘하고 동생과 놀아주는 모습은 의젓하기까지 했다.

나는 다정이 엄마에게 "어머님 때문에 다정이가 유치원에서 불편해하는 것만은 아니다"라는 말로 안심시켰다. 아이의 기질은 타고나는 것이다. 엄마의 품을 벗어나서 세상과 만나면서 드러나고, 이를 엄마가 알게 되는 것이다. 아이의 모습, 취향, 습관, 반응들을 엄마가 미리 알고 대비할 수는 없다.

다정이는 놀이치료를 시작했고, 초기 3~4회기에는 매우 긴장하고 부자연스러웠지만 치료실 내부를 찬찬히 탐색하는 모습을 보였다. 이후 회기에서는 안전을 확인하고 주도적으로 놀이를 진행해나갔다.

다정이는 외부 환경에 대해 자신만의 방법으로 탐색하고 적응하는 시간이 오래 걸리는 특성을 지닌 아이였다. 이것을 '엄마가 아이의 마음을 몰라서'라고 생각하면 엄마는 조급해지고, 아이의 행동을 걱정스럽게 보게 된다.

다정이는 입학 3개월 뒤부터 유치원 선생님들에게 칭찬과 인정을 받기 시작했다. 엄마가 그동안 걱정했던 것이 무색할 정도였다.

다정이 엄마는 이번 일을 겪으면서 다정이의 성향을 알게 되었고, 아이가 주변을 세밀하게 살피기에 외부 규칙을 더욱 잘 지키는 장점까지도 발견하게 되었다.

아이를 알수록 엄마의 능력이 자란다

다정이가 초등학교에 입학하자 엄마는 다정이와 많은 이야기를 나누었다.

"다정아, 학교는 유치원보다 건물이 무척 커. 1학년부터 6학년까지 있으니 너보다 덩치가 큰 언니, 오빠들이 있을 거야."

"처음에는 사람이 너무 많아서 누가 누군지 모르는 게 당연해."

"밥을 먹으러 급식실에 가면 시끄러울 거야."

새로운 환경에 적응하기 위해 많은 정보와 안전에 대한 확인이 필요한 다정이에게 꼭 필요한 이야기였다. 다정이는 엄마가 미리 그런 말을 해주었던 탓에 학교에 가서 적응할 힘을 얻었다. 다정이 엄마는 처음 아이의 반응을 겪을 때와 다르게, 아이와 함께 경험하고 고민하면서 예측을 할 수 있게 되자 좀 더 괜찮은 엄마가 된 것 같다고 했다.

엄마는 아이가 새로운 환경에 적응할 때 무엇이 필요한지를 알게 되었다고 기뻐했고, 비슷한 고민을 하는 주변 엄마들에게 조언을 해주기도 했다.

아이를 알아가는 것은 아이가 주변 환경을 어떻게 받아들이고, 어떻게 자신을 환경에 적응시키는지를 파악해 도와주는 과정이다. 아이가 8세가 되자 엄마도 8년치 육아 경험을 통해 그만큼 능숙한 엄마로 성장하고 있었다.

엄마는 본능적으로 아이에게
무언가를 해주려고 한다

엄마는 아이에게 뭐라도 더 해주고 싶어 한다.
현재 하고 있는 것에 부족한 점이 있는지 고민하고,
엄마로서 해줄 수 있는 것을 본능적으로 찾는다.

34세 미경 씨는 첫째를 낳고 1년 반 만에 둘째를 출산했다. 첫째 아이는 계획보다 이르게 어린이집을 가게 되었고, 집에 오면 괜히 짜증을 내고 징징거려 미경 씨는 신경이 곤두서는 일이 많아졌다.

둘째는 젖 빠는 힘이 약해 한번에 많이 먹지 못하고, 자주 젖을 물리게 되니 둘째를 낳고부터는 첫째와 놀아줄 틈이 없다. 어느 날은 중간중간 짬을 내어 집을 대충 치우고 세탁기를 돌리고 있는데, 갑자기 둘째가 자지러지듯이 울었다. 달려가보니 첫째 아이가 둘째 아이를 밀쳐낸 모양이다.

그때 미경 씨는 첫째 아이의 등을 손으로 세게 때리고 소리를 크게 질렀다. 하지만 이내 겁에 질린 첫째의 얼굴을 보곤 미경 씨는 눈물을 쏟아냈다.

"내가 아이를 때릴 줄은 몰랐어요."
"요즘 정신이 없고 쉽게 화가 나서, 내 자신이 이상해요."
"무언가 계속 하고 있는데, 제대로 하는 엄마 역할은 없어요."

첫째 아이에게 불같이 화를 내고 때리는 일이 세 번 반복된 후 병원을 찾았다. 미경 씨는 진료실에서 둘째를 업고 서서 이야기한다. 앉으시라고 권해도 혹시라도 아이가 울까봐 서 있는다. 미경 씨는 자신이 아무래도 큰 문제가 있는 것 같다고 했다. 단 한 번도 남들과 큰 소리로 싸워본 적이 없는데, 어떻게 내 아이한테 소리를 지르는지 이해가 안 됐다.

나는 미경 씨가 아이들과 하루를 어떻게 시작하고 마무리하는지 자세히 물어봤다. 밤에 중간중간 깨서 모유 수유를 하고 아침에 주먹밥을 해서 첫째를 먹이고, 가기 싫어하는 아이를 달래서 어린이집에 데려다준다. 집에 와서 주방을 치우고 둘째를 보다가 옆에서 잠깐 낮잠을 잔다. 점심은 아침에 먹고 남은 것으로 때우고 청소를 한다.

오후 4시에 첫째가 어린이집에서 돌아오면 집 안은 금세 난장

판이 된다. 조금 있으면 저녁 식사를 준비해야 하는데, 아이들은 놀아달라고 하고, 미경 씨는 아이들에게 텔레비전을 보여주고 집 안일을 한다. 아이들에게는 되도록 텔레비전을 안 보여주는 것이 좋다는 것을 알기에 미경 씨는 씁쓸하다.

남편은 저녁 8시가 훌쩍 넘어서야 집에 들어온다. 첫째 아이와 잠깐 놀아주는 듯하다가 곧 피곤하다며 눕는다. 남편에게 첫째 재우는 것을 부탁한 뒤 미경 씨는 둘째를 재운다. 미경 씨에게 당분간 이런 일상은 반복될 것이다.

나도 모르게 엄마로서 해야 할 일을 찾고 있더라

미경 씨의 하루에는 자신의 기분, 몸 상태를 챙길 여유 시간이 없었다. 이런 패턴이라면 감정적 자극이 주어졌을 때 조절하기 힘든 것은 당연하다. 나는 미경 씨에게 휴식 시간이 생길 수 있게 하루 일과 중 줄일 수 있는 것을 찾아보자고 했다.

"여기서 줄일 것은 없어요. 지금 하는 게 최소인걸요."
"첫째 아이는 놀이로 발달 자극을 줘야 하고 어린이집 생활도 체크해야 하는데, 그걸 못 하고 있어요."

"책도 잘 못 읽어주는걸요. 다른 엄마들은 하지 않나요?"

"둘째는 이유식을 잘 먹이고 싶어요. 내가 잘못해서 첫째가 편식을 하는 것 같아요."

"남편이 일부러 늦게 오는 것도 아니고 주말에는 그래도 도와주려고 해요. 무언가 더 요구할 수가 없어요."

미경 씨는 자신의 하루 일과 중 줄일 수 있는 부분을 찾기 힘들어했다. 오히려 아이들에게 무엇인가를 더 해줄 수 있는 일을 찾고 있었다. 그리고 자신이 할 수 있는 범위에서 엄마 역할을 열심히 하면서도 스스로를 인정해주지 않았다. 엄마도 체력적·정신적 한계가 있는 사람인데, 무언가를 끊임없이 해야 한다고 생각하고 있었다.

내가 품어 이 세상에 나오게 한 아이에게 무엇을 해주려고 하는 것은 본능에 가까워 보인다. 하지만 아이들에게 화를 내는 것을 줄이기 위해서라도 미경 씨는 생활양식의 변화와 휴식이 필요하다.

"둘째가 이제 14개월이 되었으니 모유 수유만 하지 말고 분유도 먹여보세요. 수유하는 시간이 줄면 잠도 깊게 잘 수 있고, 아이와 노는 시간도 벌 수 있어요."

"첫째 아이가 한창 활동적으로 놀 시기이니 집안 정리는 하루 한 번으로 줄이세요."

"지금 식사를 준비할 여력이 없으니 반 조리 형태의 이유식, 반찬을 이용해보세요."

미경 씨는 고개를 끄덕였지만 그것을 실천하는 것이 쉽지 않았다. 정말 그렇게 해도 아이에게 괜찮은지 불안해했다. 미경 씨는 자신의 심리적·체력적 한계를 인정하고 스스로를 위하는 시간을 가져야 한다. 엄마가 자신을 아껴줄 수 있어야 아이들에게 모유, 음식만큼이나 중요한 엄마의 미소와 편안함을 전달할 수 있다.

엄마가 조금만 더 노력하면 아이를 잘 키울 수 있다는 사회적 분위기 속에서 자신을 위하고 아끼는 것을 실천하기 어려워하는 엄마들이 많다. 엄마가 스스로를 사랑하는 모습을 보여줘야 아이도 스스로를 아끼게 되므로 자신을 위한 노력을 과감하게 시도해보자.

내 안에 새겨진
친정 엄마의 흔적

엄마 역할은 예습 없이 처음 시도하는 과정이다.
엄마는 과거에 친정 엄마에게 배웠던 것을
자신도 모르게 아이에게 적용시키기도 한다.

엄마: 오늘 태권도 학원은 재미있었어? 그런데 왜 이렇게 늦게 왔어?
      친구들하고 놀다 왔니?

아이: 응. 태권도 형들이랑 공차기도 했어. 형들이 재미있는 것을 많
      이 가르쳐줬어. 나는 태권도 관장님처럼 될 거야.

엄마: 이제 초등학교 3학년에 올라가니까 공부를 해야지. 태권도학원
      에서만 계속 시간을 보내다가 나중에 공부가 어려워지면 어떻
      게 하려고 그래.

아이: 태권도 사범을 하면 되잖아. 그럼 운동을 더 해야지.

엄마: 그래도 공부는 해야 해. 나중에 다른 것이 되고 싶을 수 있잖아.

그러지 말고 수학학원, 영어학원에 다녀보자.

아이: 나는 싫어.

엄마: 태권도를 잘 하면 결국 동네에서 태권도 학원 원장을 하는 거 잖아. 네가 아직 어려서 모르는 거야. 좋은 회사에서 일하는 게 더 좋지.

이야기를 나눈 뒤 엄마는 저녁 내내 고민에 빠졌다. 괜히 태권 도 학원에 보내서 아이가 공부에 소홀해지는 건 아닌지 걱정이 되 었다. 슬슬 공부 습관을 잡아나가야 하는데 아이가 계속 저런 반 응을 보일까봐 불안했다. 초등학교 3학년이 되면 과목의 종류도 늘어나고 내용도 복잡해지는데, 아이는 책을 읽는 것보다 몸으로 노는 것을 더 좋아한다.

엄마는 '아이가 학습을 어려워하거나 공부에 대한 자신감을 잃 으면 어쩌나' 하는 생각이 들었다. 초등학교 고학년만 돼도 공부 를 잘하는 아이와 못하는 아이가 나뉜다는데, 아이의 생각을 바로 잡아야겠다고 결심했다. 엄마는 다음날 아이를 붙잡고 단호하게 말했다.

엄마: 엄마가 생각해봤는데 태권도 학원에 가는 날을 줄이자. 이제 공 부를 해야 할 때야.

아이: 엄마가 다니라고 해서 다녔는데, 왜 갑자기 그래? 나는 태권도 학원이 제일 재미있어. 거기 형들이랑 선생님이 얼마나 멋있는데.

엄마: 다른 애들은 수학학원이나 영어학원에 다니잖아. 그 아이들보다 못하게 되면 어떻게 해? 공부를 못해서 좋은 대학에 못 가면 나중에 사는 게 힘들어. 공부 못하는 사람은 공사장처럼 추운 곳에서 일할 수도 있어.

아이: 나는 지금도 공부 잘해. 3학년 되면 학교에서 더 열심히 하면 되잖아. 엄마는 왜 나를 못 믿어?

친정 엄마가 나에게 알려준 세상

엄마는 아들을 붙잡고 한국이 얼마나 경쟁이 치열하고, 좋은 대학, 직업이 없으면 살아나가기 힘든지를 설명하려다가 불현듯 친정 엄마의 모습을 떠올렸다. 엄마는 중고등학교 시절 상위권 성적을 유지했지만 친정 엄마에게는 늘 잔소리를 들었다. 친정 엄마가 세상이 얼마나 위험하고 조심할 것이 많은지에 대해 구구절절 이야기하며 자신을 답답하게 했던 때가 생각났다.

사춘기 시절에는 친정 엄마가 자신을 믿지 못하는 것 같아서 화가 나고 밉기도 했지만 어느 사이 자신도 미래를 걱정하고 새로운 일에 대한 시도를 포기하고 있었다. 친정 엄마가 알려준 것을 조심하면 위험한 일이 생기지는 않았지만 이제 와서 생각해보니 자신이 무언가를 할 수 있는 기회를 놓쳐버린 것만 같다.

그때는 안정되어 있지만 심심하고 따분해 보이는 친정 엄마의 모습이 싫었는데, 내가 아들에게 말하는 것도 위험한 세상을 조심하고 대비해야 한다는 이야기뿐이었다. 아들을 위해서 여러 가지 생각 끝에 한 대화였는데, 서로의 거리만 멀어진 듯했다.

엄마는 자신도 모르게 친정 엄마처럼 아이를 세상으로부터 보호하려고만 했다. 이제는 친정 엄마와는 다르게 앞으로 변화할 세상의 가능성, 다양성을 아이와 이야기해 나가기로 결심했다.

엄마: 태권도 사범님의 어떤 모습이 멋있니?

아이: 힘도 세고 정의로우셔. 형들이 잘못을 하면 혼내주시고 약한 사람을 도와주셔. 나도 그런 사람이 되고 싶어.

엄마: 너는 정의롭고 남을 돕는 사람이 되고 싶구나. 정말 멋진 생각인 것 같아. 그런 사람이 되려면 어떤 것을 준비해야 할까? 어떤 사람이 되면 정의로운 일을 할 수 있을까?

아이: 운동을 열심히 해야죠. 사범님은 대학교에서도 태권도를 배우셨대. 나는 경찰관도 멋있고 소방관도 멋있어 보여.

엄마: 멋진 사람이 되기 위해서 지금 할 수 있는 것들을 찾아보자.

엄마는 운동도 배우면서 공부도 열심히 하는 것이 도움이 된다고 생각해.

엄마는 아이가 무서운 세상을 피하려고만 하고 자신을 보호하기 위해 공부하고 노력하는 것이 아니라 자신이 원하는 것을 이루는 길을 찾아가도록 도와주기로 결심했다.

아들은 자신의 좋은 의도를 인정해준 엄마에게 고마워했고, 앞으로의 과정을 기대하게 되었다. 엄마는 어린 시절의 부정적인 경험을 극복하고 아이에게 긍정적인 영향을 줄 수 있는 엄마가 된 것 같아 뿌듯했다.

엄마의 본능이 부정적 경험에서
나온 것일 때

엄마는 아이가 안 좋은 일은 되도록 겪지 않길 바란다.
엄마의 과거 부정적인 기억이 해소되지 않은 상태에서는
아이에 대해 과도하게 걱정을 한다.

40세 나래 씨는 남편에게 '걱정 부자'라는 별명을 들었다. 아이들
이나 집안일에 대해서 안 해도 될 걱정을 너무 많이 한다는 의미
였다. 초등학생 아들 둘을 키우는 나래 씨는, 잘 놀다가도 갑자기
다투거나 주먹다짐을 하는 아이들을 보면 걱정이 샘솟는다.

두 아이 모두 학교에서 친구들과 원만하게 지내고 교우관계가
좋다는 평가를 받는데, 집에서는 왜 이런 일이 생기는지 모르겠다.
집에서 아이들끼리 큰 소리로 싸우면 귀를 쫑긋 세우고 어떤 말이
오고 가는지 유심히 듣게 된다.

첫째가 나래 씨에게 달려와 동생이 자신에게 욕설을 했다고 말

한다. 나래 씨는 두 아이에게 자초지종을 들어본다. 첫째가 사용하는 게임기를 둘째가 자꾸 만져서 첫째가 화를 내자 둘째가 욕을 했다고 한다.

나래 씨는 둘째에게 욕한 것을 형에게 사과하라고 했지만 둘째는 그냥 방을 나가버린다. 첫째는 "엄마한테 말해도 소용이 없잖아"라며 원망하는 듯이 눈을 흘긴다. 나래 씨는 아이가 욕을 한 것도 놀랍고, 자신이 중재하지 못한 것도 허탈했다.

나래 씨는 남편에게 도움을 요청해본다. 같은 남자니까 아이들 마음을 더 잘 이해할 것 같았다. 남편이 아이들에게 형제간의 우애를 가르쳐주고 서로 다투지 않게 따끔하게 경고를 해주길 기대했다.

그러나 남편은 나래 씨의 이야기에 별일 아니라는 식으로 반응했다. 남자아이들은 싸우면서 크고, 그 과정에서 친구들과 갈등을 푸는 방법을 알게 된다고 말했다. 나래 씨는 집안에서 두 아이가 싸울 때마다 어떻게 해야 할지 몰라 답답한데, 아이들이 싸우는 것을 직접 보지 않은 남편이 쉽게 이야기하니 화가 났다.

아내: 애들이 이제 심지어 욕도 한다고. 내가 말해도 듣지를 않아. 애들이 서로 싸울 때마다 내가 마음이 얼마나 괴로운지 당신이 알아?

남편: 당신이 너무 예민한 거야. 어떻게 애들이 싸우지 않고 자라겠어. 나도 다 그러면서 컸어. 당신이 애들한테 잔소리를 많이 하니까 말을 안 듣는 거지.

아내: 매일 늦게 들어오고 자세히 알지도 못하면서 어떻게 그렇게 말해? 당신까지 나를 무시하는 거야?

친정 가족에 대한 콤플렉스

그날 밤 자려고 누운 나래 씨는 서글퍼서 눈물이 났다. 나래 씨가 바랐던 것은 다툼이 없는 평화로운 가정이었다. 그런데 아이들끼리 싸우고, 자신도 남편과 다투게 되었다. 나래 씨는 평온한 가정을 위해 노력했는데, 원치 않는 방향으로 가고 있는 듯해 속상했다. 그러면서 어린 시절 부모님이 다투실 때 느꼈던 두려운 감정이 올라왔다.

친정 부모님은 사소한 것을 두고 이야기하시다가 "그럴 거면 다 때려치워. 애들 두고 나가버릴 거야" "내가 애들 때문에 산다. 아니면 벌써 이혼했지" 등의 단골 래퍼토리를 꺼내셨다. 가끔은 물건이 던져지고 깨지는 소리도 났다.

다음날이면 친정 부모님은 아무 일도 없었던 듯 행동하셨지만,

어린 나래 씨는 무서운 일이 생길 것만 같아 두려웠다. 당시에 언니에게 이런 이야기를 해도 짜증만 내고 들으려 하지 않았다. 나래 씨는 자신만이라도 갈등을 만들지 않기 위해 가족들의 눈치를 보며 행동했다. 친정 엄마가 얼굴이 어두우면 안마를 해드리고 집안일도 도와드렸다.

30년이 지난 지금 친정 부모님은 여전히 같은 래퍼토리로 다투신다. 하지만 나이가 드신 후에는 서로를 챙기기도 한다. 어렸을 때 나래 씨가 걱정했던 무서운 일은 일어나지 않았다.

그럼에도 나래 씨는 어린 시절 험악했던 집안 분위기가 너무 싫었다. 자신의 가정에서는 그런 일이 절대 일어나지 않기를 바랐다. 다행히 남편은 친정아버지와 달리 유순한 성격이었고, 화를 잘 내지 않았다. 화목해 보이는 시댁 분위기가 부러웠고 남편의 느긋한 성격이 가정 환경 덕인 것 같아 샘도 났다. 그래서 더욱 내 아이들은 다툼 없는 가정에서 키우고 싶었는지도 모르겠다.

두 아들은 서로에게 불만이 생기면 화를 내기도 하고 다투기도 하지만 서로 화해하는 것도 잘했다. 나래 씨도 남편과 다투었어도 다음날이면 평소처럼 대화하며 서로를 잘 이해하며 지냈다. 갈등이나 부정적 감정을 대화로 해결해나가고 있다고 생각하니 조금 안심이 되었다.

나래 씨는 가족 간에 다툼이 생기면 어린 시절 느꼈던 두려움이 떠올라 괜히 두려워하고 상황을 빨리 끝내려 했었다. 내가 이룬 가정에서는 다툼이나 갈등이 일어나는 것이 너무 싫었다. 하지만 갈등이 생겼을 때 대화로 풀어나가게 되면 오히려 서로를 잘 이해하게 되고 안정된 관계를 유지할 수 있었다.

나래 씨는 다툼이나 갈등을 피하거나 덮으려고만 하지 않고, 가족들에 대한 자신의 걱정이 어디에서 시작되었는지 차근차근 점검해보기로 했다. 자신의 불안으로 가족들에 대해 과하게 걱정하고 개입하게 되는 것을 줄이기로 했다.

엄마가 아이에게 몰두할 수 있도록
주변 환경이 도와야 한다

엄마가 아이에게 집중하며 엄마 역할을 배워가려면
시간과 여유가 필요하다. 이때 방해되는 것이 있다면
남편과 주변 사람들이 해결사로 나서야 한다.

나는 둘째가 태어나기 한 달 전 교통사고를 당했다. 오전 이른 시간에 신호 대기 중 졸음운전을 하던 트럭이 내 차를 뒤에서 들이받았다. 응급실을 통한 입원 후 자궁수축 정도와 태아 심박동수를 모니터링하면서 매우 불안했다. 다행히 조산의 조짐이 없어 3일 만에 퇴원을 했지만 출산 전까지 나는 오로지 아이의 태동이나 반응에 집중했다.

7세 때 이 일을 알게 된 둘째가 그 일이 기억난다고 말해 크게 웃었던 적이 있다. 엄마 이야기를 듣고 상상을 했겠다 싶었으나 아이의 기억을 내가 다 알 수 없으니 모르는 일이다. 확실한 것은 출산 후 아이를 품에 안기 전부터 엄마와 아이가 서로를 느낀다는 것이다.

아이가 태어나면 엄마와 아이는 서로에게 더욱 몰입한다. 아동 발달 이론을 책으로 배운 나는 아이가 태어난 뒤 왜 우는지 알아내는 데 한참이 걸렸다. 둘째 아이는 첫째 아이와 울음으로 표현하는 방법이 달랐다. 책을 통해 배운 보편적인 지식을 내 아이에게 그대로 적용시키는 일이 잘 안 됐다. 몇 시간마다 배가 고파지는지, 기저귀가 젖어 불편하면 어떤 표정을 짓는지 그리고 졸릴 때 어떻게 안아줘야 하는지는 아이와 계속 붙어 있으면서 알아가는 것이었다.

나는 한동안 남편이 뭘 하는지, 내 옷차림이 어떤지는 거들떠보지도 않고 아이가 나를 필요로 할 때를 대비했다.

엄마는 아이를 알아가면서 스스로 엄마 역할을 하고 있다는 안도감을 느끼고 자신을 신뢰하게 된다. 자신이 아이를 가장 잘 알고 있고, 아이가 필요로 하는 것을 제공하고 있다는 사실에 뿌듯함을 느끼고 자연스럽게 엄마 역할을 배우게 되는 것이다.

아이는 바깥 세상에 대해 아무것도 모르고 온전히 엄마에게 의존하는 상태이며, 이 시기에 엄마의 역할이 매우 중요하다.

어린 아이를 돌보는 일이 얼마나 힘든 풀타임 직업이고 위대한 일인가 하는 것을 엄마와 주변 사람들이 알아야 한다. 아이에게 몰입할 수 있도록 엄마와 아이를 보호해줘야 하고, 그 역할은 남편이 책임져야 한다. 엄마와 아이에게는 적절한 돌봄과 의료, 안락한 환경 그리고 어느 정도의 정보가 필요하다.

엄마와 아이 사이의 방해물들은 아빠가 해결하자

출산 이후 엄마는 아이에게 온전히 몰두해 있는 상태이므로 다른 일을 하기 어렵다. 그리고 엄마 역할을 알아가는 과정에 방해물이 생겨도 이를 해결하지 못한다. 남편을 비롯해 친정 가족, 시댁 가족 혹은 돌보미가 엄마와 아이 사이에 방해되는 것이 있다면 이를 줄여줘야 한다. 엄마가 아이에게 몰입하는 것을 방해하는 요소들 중 몇 가지를 예를 들어본다.

만약 태어난 아이가 둘째라면, 첫째 아이가 변화된 환경에 적응하는 일은 아빠가 도와야 한다. 아빠가 첫째와 시간을 더 많이 보내고, 유치원이나 어린이집 생활에 변화가 있는지 살펴야 한다. 동생이 태어난 가정 내 변화에 대해 아이가 어떻게 받아들이고 느끼는지에 대해 아빠가 아이의 마음을 읽어주고 반응해줘야 한다.

아빠가 이 역할을 하기 힘든 상황이라면 그것을 맡아서 해줄 사람을 찾아야 한다. 물론 엄마가 첫째 아이에게도 관심을 줘야 하지만, 출산 이후 한동안은 그러기가 쉽지 않다.

출산 이후 엄마는 신체적으로만 취약해지는 것이 아니라 심리적으로도 매우 약해진다. 심한 우울 증상이 아니더라도 많은 경우 불면증과 약간의 우울감을 경험한다. 아이에게 몰입해 자신을 돌볼 여력이 없기에 남편은 아내의 기분과 신체적 상태를 자세히 들여다봐야 한다. 엄마의 심리적 상태가 아이에게 절대적인 영향을 주는 시기이며 엄마가 자신을 챙기지 못하니 주변에서 엄마를 돌봐야 한다.

아이의 수면 패턴으로 인해서 충분한 잠을 자기 힘든 경우 주중 하루 이상은 아빠나 다른 가족이 아이를 재우고 엄마가 휴식을 취할 수 있게 해야 한다. 아이에 대한 염려나 고민이 생겼을 때 엄마 혼자서 해결하기보다는 주변에서 충분한 정보를 알려주고 믿을 수 있는 의사와 만나게 해줘야 한다.

엄마가 된다는 심리적 부담감과 미래에 대한 불안으로 인해 편안한 마음을 갖기 힘든 경우 남편의 공감적인 반응과 격려는 무엇보다 필요하다.

또한 엄마의 출근으로 아이가 전적으로 엄마에게 돌봄을 받기 힘든 상황이라면 이에 대한 대비책을 세우는 데 아빠가 주도적인 역할을 해야 한다. 아이를 돌봐줄 사람을 구하고, 엄마가 복직하기 전에 충분히 아이와 시간을 같이 보내며, 아이에 대한 정보를 자세히 나누어야 한다.

아이가 아프거나, 돌봐줄 사람에게 사정이 생기는 등과 같은 돌발 상황에 대비해 도움을 줄 수 있는 사람들에게 미리 요청을 해놓는다. 엄마가 일하는 도중에도 연락을 쉽게 받을 수 있도록 하고 퇴근 후에는 그날 아이에게 일어났던 소소한 일들을 전해들을 수 있어야 한다.

하루 종일 아이와 붙어 지내도 스스로 좋은 엄마인지 고민하게 되는데, 아이와 떨어져 있는 시간이 길어지면 불안감은 더 커지기 마련이다. 완벽하게 대응할 수는 없지만 엄마가 최선을 다하고 있다는 확신을 느끼고 위안을 받아야 한다.

아이를 키우는 일은 엄마 혼자만의 책임이 아니라 아빠와 주변 사람들의 노력이 모두 필요한 일이다. 그럼에도 아이에 대한 일의 많은 부분을 엄마가 결정하게 된다. 아이가 무엇이 필요한지, 아이에 대해 가장 잘 알고 있기에 엄마가 결정하는 것이 수월하기 때문이다.

하지만 예측하지 못한 일이 생기거나 아이에 관한 결정을 수정해야 할 때는 양육자들이 모두 책임감을 가지고 참여해야 한다. 이로써 엄마는 함께하는 양육자가 있다는 것과 아이에게 일어나는 일이 모두 엄마만의 책임이 아니라는 것을 확인받으며 힘을 얻는다.

아이가 엄마 품을 벗어나 새로운 환경에 적응하는 과정에서 힘들어할 때 한결같은 엄마의 모습은 큰 힘이 된다. 아이가 자라면서 적응하는 것이 익숙해지면 엄마가 도와줘야 하는 부분이 줄어든다. 의존적이었던 아이가 독립적인 주체로 변하면서 혼자 하기 힘든 일을 해보려고 고집을 피우는 과정에서 엄마와 갈등을 겪을 수 있다. 엄마는 아이와 충분히 대화를 나누며 단계적으로 자율권을 주고, 어른들의 도움이 필요한 순간에 손을 내밀어야 한다. 그런데 결국 아이가 시행착오를 경험하며 스스로 찾아나가야 하는 것이 있다. 자신만의 가치관을 세우고 예측하기 힘든 미래를 준비해나가는 과정이다.

2장

아이는 엄마에게
전적으로 의존한다

엄마에게 돌봄받던 기억이
삶의 힘이 된다

아이는 새로운 환경에 적응하는 데 어려움을 겪는다.
엄마가 한결같은 모습으로 격려를 해주고
공감을 해주는 모습을 보며 아이는 힘을 얻는다.

아이가 크면서 바깥세상을 접하게 되면 그것이 내가 알던 엄마의 품속이나 상상 속 놀이세계와 다르다는 것을 알게 된다. 집을 벗어나게 되면 늘 도와주던 엄마 없이 아이의 힘으로 해결해야 할 일들이 많아진다.

어린이집에 맡겨진 아이는 자신이 먹고 싶을 때 엄마에게 배고프다는 신호를 보내 밥을 먹는 것이 아니라 정해진 시간에 따라 밥을 먹게 된다. 엄마에게 통하던 표현은 소용이 없어지고 손짓을 하거나 말을 해야 무언가를 얻어낼 수 있다. 낮잠을 잘 때 엄마가 해주던 스킨십이나 노랫소리는 사라지고 스스로 잠이 들어야 한다. 장난감을 가지고 나만의 놀이세계에 빠져 있다가도 주변 아이들이 장난감을 빼앗아가거나 시끄럽게 해서 방해를 받는다.

그래서 대부분의 아이는 어린이집을 다니기 시작하면 최소 2~3주간은 울면서 엄마를 찾는다. 아이는 새로운 환경에 적응하는 데 어려움을 겪는다.

하지만 정해진 시간에 엄마가 자신을 데리러 온다는 사실을 알게 되고, 집으로 돌아가 자신의 장난감을 확인하고 다시 즐거움을 느끼는 일이 반복된다. 엄마가 변함없이 그곳에 존재하고 나의 놀이터가 사라지지 않는다는 확신이 생긴다.

이러한 확신이 견고해지면 어린이집에 있는 동안 또래 아이가 하는 놀이와 새로운 수업에 호기심을 갖고 적극적으로 참여하게 된다. 아이는 경험하지 못한 놀이를 통해 즐거워하고, 시간에 맞춰 생활하는 데 안정감을 느낀다.

새로운 환경에 적응하는 힘은 엄마로부터 얻는다

아이마다 새로운 환경에 적응하는 데 걸리는 시간은 매우 다르다. 변화에 대한 불편함 때문에 반응이 작은 아이도 있고, 강하게 거부하는 아이도 있다. 대부분의 엄마는 아이가 새로운 환경에 적응하는 것을 기대하고 격려한다. 아이가 아침마다 울고 보채면 달래서 어린이집에 보내고 돌아온 아이를 안아주고 맛있는 것을 내어준다.

아이는 엄마가 나에게 보여주는 일관된 반응을 통해 안정감을 느끼며 외부 세상을 탐색하고 받아들인다. 이 과정이 지나면 어린이집에서 돌아온 아이는 엄마에게 자신이 겪은 신기한 일들을 이야기하고 보여준다.

이따금 누군가가 밀치고 지나가고, 아파도 관심을 보이는 사람이 없어도 집에 가서 엄마에게 속상함을 표현하고 풀어내어 다음 날 다시 부딪혀볼 힘을 얻는다.

아이: "엄마, 아까 남자아이가 밀어서 내가 넘어졌어. 무릎에 상처가 나고 아팠는데 울지 않고 일어났어. 엄마한테 와서 이렇게 말하면 되니까 괜찮아. 이제 엄마가 없을 때 아파도 난 참을 수 있어. 나 잘했지?"

엄마: "네가 씩씩하게 이야기하니까 엄마는 너무 기쁘다. 정말 많이 컸구나. 속상했던 일을 엄마에게 이야기해주니까 엄마는 네 마음을 잘 알 수 있어서 좋아."

엄마의 돌봄을 받는 일이 점점 줄어든다

아이가 새로운 세상을 만나고 이에 적응하는 데 엄마가 도움을 주는 것은 유치원, 초등학교, 중학교 시절 내내 지속된다. 하지만 그 정도와 방법은 아이의 나이에 따라 차츰 달라진다.

엄마는 아이가 도움을 받기 시작하면 스스로 하려는 마음이 생기지 않을까봐 걱정하기도 한다. 새로운 환경에 적응하는 데 시간이 오래 걸리는 기질(temperament)의 아이인 경우 엄마는 더 많은 걱정을 한다. 다른 아이들보다 변화에 힘겹게 적응하는 모습을 보며 안타까워하고 답답한 마음에 아이를 다그치기도 한다.

"언제까지 아이를 도와줘야 할지 모르겠어요."

"이번 학기에도 또 힘들어할까봐 걱정이 돼요. 친구 사귀는 법을 잘 모르는데 그건 내가 가르쳐줄 수 있는 게 아니잖아요."

"지금은 내가 아이를 챙겨줄 수 있어요. 하지만 내가 도와줄 수 없을 때 자신의 일을 스스로 하지 못하면 어떻게 하죠?"

낯선 곳에서 길을 찾아갈 때는 목적지가 멀고 어렵게 느껴지지만, 가봤던 길을 다시 갈 때에는 가깝고 쉽게 느껴진다. 아이들은 새로운 것을 할 때 어렵고 답답하게 느끼지만 이미 해본 일에 대해서는 수월하게 느낀다. 아이에게 언제까지 도움을 줘야 할지 예측할 수는 없지만 나이가 들면서 적응하는 힘이 생긴다는 것은 확실하다.

아이는 새로운 것에 적응해 즐거운 경험을 하게 되면 적응하는 속도가 빨라지고, 안 해본 일들을 스스로 시도해보는 힘이 생긴다. 이때가 되면 아이가 적응하는 것에 쉬워진 만큼 엄마가 도와줘야 하는 부분도 줄어든다.

이때 엄마는 아이가 성장하는 모습을 발견하면서 엄마의 도움을 받지 않고 할 수 있는 일을 같이 찾아보자.

어른이 되어도 엄마의 흔적이 필요하다

성인이 되어 이제는 다른 사람의 도움이 필요 없어진 이후에도 이따금 엄마에게 의존했던 기억이 되살아날 때가 있다. 나이가 들어도 처음 하는 일을 경험할 때가 그렇다.

대표적인 경우가 자녀 스스로 부모가 될 때이다. 부모가 되는 순간에는 엄마가 자신에게 어린 시절부터 쏟아부은 노력과 헌신에 대해서 떠올리게 된다. 엄마가 남긴 좋은 기억, 아팠던 기억이 되살아나며 자신이 어떤 부모가 되고 싶은지를 고민하게 된다. 엄마가 자신을 위했던 마음을 일부분이라도 이해한다면 자신도 실수와 경험을 통해 부모로 성장하게 된다는 것을 알게 된다.

예기치 못한 사고나 실패 등의 이유로 혹은 인생에서 위기를 겪을 때, 누군가에게 기대고 싶을 때, 엄마에게 돌봄을 받던 시절의 기억이 떠오른다.

자라는 과정에서 실패나 어려움을 겪을 때 엄마의 도움을 받았던 경험은 '이제 다 소용이 없구나, 내 편이 아무도 없구나'와 같은 비관적 사고로 모든 것이 무너지는 것을 막아준다. 연약하고 힘이 없던 어린 시절에 실패를 극복한 경험이 있다면, 그때보다 강한 어른이 된 지금 어떤 난관도 자기 자신이 무사히 뚫고 나갈 수 있다는 믿음을 가질 수 있다.

엄마의 역할은
어디까지인가?

아이는 사람과의 관계를 경험하면서 배려를 배운다.
이러한 과정에서 아이가 시행착오를 경험할 때
엄마가 굳건하게 믿어주는 것이 중요하다.

초등학교 5학년 하늘이는 어른에게 인사를 잘하고 규칙을 잘 지
키는 아이다. 하늘이 엄마가 하늘이에게 가장 강조하는 것은 착하
고 예의 바르며 모범적인 아이가 되는 것이다. 엄마는 하늘이에게
사회적 규범에 대해 어린 시절부터 교육을 시켰다. 하늘이는 매년
학급 임원을 하고 주변 어른과 친구들의 기대를 받아왔다.

　그러던 어느 날 하늘이가 학교 친구의 얼굴을 때리는 일이 생겼
다. 담임선생님에게 전화를 받은 엄마는 머릿속이 하얘졌다. 하늘
이는 지금까지 친구와 몸싸움을 한 적이 없기에 엄마는 선생님이
무언가 잘못 알고 계신 것이라는 생각이 들었다.

선생님 말씀을 들어보니, 하늘이가 교실 청소를 하고 있는데 그 친구가 방해를 했고, 하늘이가 이에 대해 지적하자 친구가 욕을 했다고 한다. 하늘이는 너무 화가 나서 그 친구 얼굴에 주먹을 날렸고 안경이 부서진 것이었다.

엄마는 얼굴을 맞은 친구와 부모에게 고개 숙여 사죄를 했다. 친구가 다친 곳은 없는지 확인한 후 안경 값을 물어주기로 했다. 그리고 벌겋게 달아오른 얼굴로 고개를 숙이고 있는 하늘이를 데리고 나왔다.

> 엄마: 엄마는 네가 그럴 줄 몰랐다. 너무 실망이다. 어떻게 같은 반 아이를 때릴 수가 있니? 어떤 일이든 대화로 해결해야 한다는 걸 너도 알잖아. 엄마는 네가 싸움질 하는 아이들과는 다르다고 생각했는데 그게 아니구나.
>
> 아이: 걔가 엄마 욕을 했다구요. 이런 걸 참으면 바보가 되는 거예요. 내가 참아주니까 자꾸 나를 건드리잖아요. 안경이 깨져서 그렇지, 나는 한 대밖에 안 때렸어요. 엄마는 내 이야기를 들어보지도 않고 판단하면 어떻게 해요?

엄마 말을 듣고 있던 하늘이는 눈물을 쏟으며 속상한 감정을 이야기했다. 친구에게 폭력을 쓴 것은 잘못이지만 엄마가 자신을 나쁜 아이로 여기는 것 같아 마음이 아팠다. 하늘이는 그동안 엄마의 기준에 맞추려고 노력했던 자신의 노력이 물거품이 된 것 같고 억울했다.

하늘이는 그간 욕도 안 하고 친구들이 장난삼아 하는 것들에 흥미를 보이지 않아 '범생이, 찐따'라고 놀림을 당했던 일이 떠올랐다. 이럴 바에야 다른 애들처럼 하고 싶은 말이나 행동을 맘껏 할 걸 하는 후회도 들었다.

부모의 기준을 강요할 필요는 없다

이날 이후 하늘이는 엄마와 눈 맞추고 이야기하는 것을 피했다. 결국 정해진 답만 이야기하는 엄마와는 더 대화할 필요가 없다고 여겨졌다.

엄마는 '아이에게 내뱉은 말이 심했나' 하는 생각이 들다가도 하늘이가 잘못을 하고도 깊이 뉘우치는 것 같지 않아 답답했다. 어떠한 경우에도 폭력을 쓰지 말자는 원칙을 하늘이가 어긴 것이 이해가 되지 않았다.

며칠 뒤 선생님은 하늘이가 다툼을 한 아이에게 사과를 하고 서로 잘 지내고 있다며 연락을 주셨다. 남자아이들 사이에서 흔하게 있는 일이고 하늘이는 경험을 통해서 그 다음 대처 방법을 잘 배우는 편이라고 하셨다.

그제야 엄마는 자신이 하늘이가 바람직한 성품을 가지고 있는 것을 믿지 못한 것 같아 미안해졌다.

엄마: 하늘아, 엄마가 네 이야기를 들어보지 않고 혼내기만 했구나. 네가 친구를 때린 것에 실망을 해서 화가 났던 것 같아. 친구들과 잘 지내고 양보를 잘하는 네가 잘못을 했을 때는 어떤 상황이 있었는지 들어봤어야 했는데.

아이: 엄마가 나를 못 믿는 것 같아서 속상했어요. 엄마가 그렇게 말하니 이제 안심이 돼요. 심한 말을 한 친구가 사과를 했어요. 친구가 흥분해서 실수를 한 것에 제가 폭력을 쓴 것은 잘못이에요. 나도 친구에게 충분히 사과했고 서로 마음이 풀렸어요. 제가 그 친구를 오해한 것 같아요.

아이들은 또래 경험을 통해 자기중심적인 생각에서 벗어나 타인과 교류하고 서로를 배려하는 것을 배우게 된다. 부모가 가르쳐준 대로 따르는 것만이 아니라 경험을 통해 무엇이 옳고 그른지를 깨닫게 된다.

아이가 현명한 판단을 해나가기 위해서는 부모가 자신을 믿어주고 따듯한 태도로 기다려주는 것이 필요하다. 부모가 폭력을 행사하는 것과 같은 잘못을 명확히 짚고 넘어가되, 아이 자체를 비난하지 않고 믿어주는 것을 경험하면, 아이는 타인을 미워하지 않고 타인과 어울리는 법을 자연스럽게 배우게 된다.

의존했던 아이는
결국 엄마로부터 독립한다

아이가 스스로 해내는 힘을 키우기 위해 엄마의
도움을 거부하면 엄마는 서운한 감정을 느낄 수 있다.
엄마는 이러한 과정을 온전히 받아들여야 한다.

"엄마, 나 이거 해주세요. 이렇게 해도 돼요?"
"엄마, 이거 잘한 거죠? 맞는 거죠?"

이렇게 말했던 딸의 말투가 언젠가부터 바뀌었다.

"그냥 두세요. 내가 할 거예요."
"엄마는 마음대로 스마트폰을 하면서 왜 나는 못하게 해요? 다른 애들은 다 자유롭게 쓴단 말이에요."

초등학교 5학년이 된 딸아이의 변화를 예상은 했지만 막상 겪어보니 엄마는 마음이 복잡해졌다. 사소한 일들을 일일이 다 챙겨주지 않아서 몸은 편안해졌는데, 딸의 머리를 만져주고 옷을 입혀주면서 느꼈던 기쁨이 사라져 허전했다.

딸이 하나하나 확인받으려고 해서 귀찮았는데, 이제는 엄마가 딸에게 무언가 조언을 하려고 하면 아이 얼굴이 굳어지니 당황스럽다. 친구들과 있을 때는 까르르 웃으면서 말도 많이 하는데 엄마에게 속마음을 말하지 않는 것 같아서 약간의 배신감이 느껴졌다.

1년 전만 해도 딸을 챙겨줘야 하는 시기가 빨리 지나가서 모든 일을 스스로 하기를 바랐다. 엄마는 아이에게 신경 쓰는 일이 줄어들면 자신이 원하는 일을 찾아 즐기려 했다. 이상하게도 딸이 바랐던 방향으로 변하는데, 엄마는 왜 마음이 편하지 않은 걸까?

아이에게 집중했던 에너지를 엄마 자신에게 돌려서 무언가를 해보려고 해도 쉽지는 않았다. 아이에게만 몰입했던 기간이 수년간 이어지니 이제 와서 엄마 자신의 욕구를 알아내는 것이 낯설었다. 이런 생각까지 드니 그동안 아이에게 몰입했던 시간들이 덧없이 느껴졌다.

심란한 마음이 들고 자신이 초라하게 느껴지던 어느 날, 딸이 엄마에게 다가와 안기며 투정을 부렸다. 친구들과 마음이 안 맞아서 속상하다며 엄마를 붙잡고 하소연을 했다. 엄마가 차분히 이야기를 들어주니 펑펑 울다가 "나는 엄마밖에 없어"라고 이야기한다. 엄마는 그동안의 복잡한 마음이 사라지고 '내가 아직 아이에게 필요한 존재구나' 하는 생각이 들어 안심이 되었다.

다음날 딸은 친구와 화해를 하고 금세 기분이 좋아졌고 친구들과 메시지를 주고받느라 정신이 없었다. 엄마가 방에 들어가 말을 걸자 "나 지금 중요한 일이어서 방해하지 말아줘"라고 무심한 듯 말했다.

엄마는 딸이 필요할 때만 자신을 찾는 것 같아 서운했지만 스스로 마음을 다독이고, 딸에게 엄마가 어떤 존재이어야 하는지 고민하게 되었다. 엄마가 지금 딸의 나이였을 때 친정 엄마에게 원했던 것이 무엇이었는지를 떠올려보고, 딸 친구 엄마들과 이야기를 나누어보았다.

독립으로 나아가는 아이에게 엄마의 존재란?

12세가 된 딸은 어린아이 티를 벗고 싶어서 이것저것 시도를 해보고, 더 이상 엄마에게 의존하지 않으려 한다. 누군가에게 도움을 받기보다는 자신의 힘으로 성취해내며 기쁨을 느낀다.

아이는 스스로 해내는 것을 확인하는 과정에서 자신의 능력을 과시하고 주변의 도움을 부정하기도 한다. 의존적인 모습에서 독립적인 주체로 변하는 과정에서 현재 스스로 하기 힘든 것도 혼자만의 힘으로 해내려고 고집을 피우기도 한다. 꾸준히 도움을 주었던 엄마의 입장에서는 아이의 이런 모습이 서운하게 느껴질 수도 있다.

> 엄마: 친구와 놀러 가기 전에 엄마랑 먼저 상의를 해야지. 약속을 다 해놓고 엄마한테 말하면 어떻게 해? 네가 가려고 하는 곳이 위험한 곳일 수도 있잖아.
>
> 아이: 엄마도 어렸을 때 친구들이랑 많이 놀러 다녔다면서. 친구들이랑 있을 때 약속을 정해야 시간을 맞출 수 있어. 친구가 갔다온 곳이어서 위험하지 않아. 걔가 거길 잘 안대. 엄마는 내가 위험한 곳인지 아닌지도 판단하지 못할 것 같아?
>
> 엄마: 너희들이 아직 모르는 부분이 있을 수 있어. 요즘에 위험한 사고가 많아서 엄마는 걱정이 돼. 어떤 곳인지 미리 말해주면 엄마가 알아볼 수 있잖아. 엄마랑 먼저 가볼 수도 있고.

엄마의 이런 말에 "다른 애들은 쉽게 허락을 받아. 나만 엄마한테 간섭을 받는 거야"라며 아이는 불만을 표시하기도 한다. 엄마가 단계적으로 서서히 자율권을 주는 것에 대해 아이는 독립을 방해한다고 여겨 반항할 수 있다.

엄마가 일방적으로 제지하는 것이 아니라 상황을 충분히 살펴보고 아이가 도움 없이 스스로 할 수 있는 것을 찾아보는 과정이어야 한다. 이에 대해 아이와 충분히 대화를 나누고 아이의 독립성을 위한 것임을 알려줘야 한다.

엄마의 도움 없이 스스로 하는 것은 기쁘지만 두렵기도 한 것이어서 이러한 과정은 아이에게도 필요하다. 아이에게 갑작스런 자유가 주어지는 것보다 엄마에게서 단계적으로 독립해나가는 과정을 거치는 것이 안전하다.

"어른들 없이 너희들만 놀러 가는 게 처음이잖아. 그러니 상의가 필요해. 엄마는 네가 친구들과 안전한 곳에서 놀기를 바라는 거야. 네가 스스로 잘 해내면 엄마가 개입하는 일도 줄일 거야."

또한 아이가 독립해나가는 과정에서 실패나 좌절을 겪게 되었을 때 엄마에게 돌아와 위로를 받는 과정도 필요하다. 또래 아이들의 의견을 따르다가도 어른들과 상의를 해야만 하는 일들이 생긴다. 아이가 도움을 받고 난 뒤 스스로의 힘으로 해결하려고 애쓰는 과정을 되풀이하면서 독립할 수 있는 힘이 조금씩 자란다.

필요할 때 도움을 받고 정서적 지지를 받은 아이는 주변 환경을 안전하게 느끼고, 경험을 통합해서 다음 일을 해결하는 데 활용한다. 엄마는 아이가 떨어져나가면서 느껴지는 아쉬움, 서운함과 같은 복잡한 감정을 경험하게 되는 것은 자연스러운 일이며, 이 감정들을 잘 다루면서 아이의 독립을 도와줘야 한다.

엄마가 아이에게
해줄 수 없는 것들도 있다

부모가 아이의 미래를 예측하고 준비시켜주기는 어렵다.
엄마 스스로 변화에 적응하면서 겪었던
실패와 성공의 경험담을 아이에게 나눠줘야 한다.

요즘 엄마, 아빠들의 가장 큰 고민은 '아이가 미래에 무엇을 하면
좋을까? 아이의 특기나 적성을 어떻게 빨리 찾아내고 도와줄 수
있을까?'이다. 4차 산업혁명시대, N포 세대, 헬조선 등의 단어들이
회자되고, 미래에 대한 불안감이 점점 커지고 있다.

엄마는 행여나 아이가 자신의 가능성을 발견할 기회를 놓칠까
싶어 남들이 한다는 체험, 사교육을 찾는다. 아이들은 스스로 호기
심을 느끼지 않던 일을 하며 자신의 가능성을 깨닫기도 하지만
충분히 시도하지도 않고 흥미를 잃어버리기도 한다. 요즘 아이들
의 하소연을 들어보자.

"엄마. 피아노를 꼭 배워야 해? 체르니 30번까지 끝내는 게 중요해?"

"영어 캠프를 갔는데 나보다 잘하는 아이가 많아. 나는 영어를 잘 못 하나봐."

"독서록 쓰기 싫어. 책 읽는 것은 좋은데 독서록을 쓰는 건 왜 해야 하는지 모르겠어."

아이의 적성을 알고 싶은 엄마

엄마는 아이의 가능성을 학원 선생님이나 입시 컨설팅 업체에 물어보고 더욱 혼란스러워진다. 다른 사람들 말을 듣는 것이 아이를 위한 일이라 생각해 남들 몰래 점을 보러 가기도 하고, 큰 돈을 들여 적성검사나 진로 상담을 받기도 한다.

더 안타까운 점은 넘쳐나는 정보 속에서 혼란스러운 부모를 보며 아이도 불안해한다는 것이다. 불안한 아이는 스스로를 들여다보고 자신의 장점을 찾고 자신을 사랑하는 방법을 알아나가기 어렵다. 어떤 일이 잘 안 되면 내가 무엇이 부족한지, 무엇을 포기해야 하는지부터 생각한다.

아이들이 자라면서 주변 어른들이나 사회의 모습을 보며 떠올릴 법한 질문들을 생각해보았다.

"엄마는 어렸을 때 꿈이 뭐였어? 지금 하는 일이 좋아?"

"대학은 꼭 가야 하는 거야? 대학을 안 나온 사람들은 어떻게 살아?"

"엄마, 하고 싶은 일을 하다가 맘에 안 들면 직업을 바꿀 수도 있어?"

"엄마는 지금 행복해?"

아이가 나에게 이런 질문을 한다면 어떻게 대답을 할까? 아이들의 질문에 답하기 위해서는 엄마가 자신이 살아온 과정, 성공과 실패의 경험을 돌이켜봐야 한다.

아이를 돕기 위해서 엄마 삶에서 발생한 시행착오를 설명하고, 엄마가 변화에 적응하기 위해 시도한 일들을 아이와 나눠야 한다. 남들에게 얻은 정보로 아이에게 지름길을 알려주는 것보다 엄마가 삶에서 직접 경험한 것들을 들려주는 것이 아이가 자신의 적성을 찾는 데 가장 큰 도움이 된다.

즉 부모가 일상의 삶에서 본인만의 가치관을 지켜내고 꾸준히 노력하는 모습을 보여주는 것이다. 부모가 방향을 찾지 못해 혼란스러워하며, 자신의 삶에 만족하지 못할 때 아이는 미래를 긍정적으로 보지 못한다.

"엄마도 너 나이 때쯤 많이 두려웠던 것 같아. 엄마가 힘들 때 꿈을 포기하지 않았던 것이 지금은 매우 자랑스럽다."

"엄마는 이전에 남들처럼 지내려고 했던 것이 후회가 돼. 너는 네가 즐기면서 할 수 있는 일을 찾았으면 해."

아이의 미래를 부모가 만들어줄 수는 없다

엄마는 아이가 불안정하고 예측이 힘든 사회에서 가능한 한 안전한 삶을 살기를 바란다. 미래에 유망한 직업이 무엇인지, 사회가 어떻게 변화할지 엄마가 완벽하게 알아내기는 어렵다. 엄마는 아이의 삶에 조금이라도 도움을 주려고 주변에서 좋다고 말하는 것들을 아이에게 시킨다.

하지만 엄마와 아이, 주변 사람들도 미래를 알 수 없으며, 아이는 불확실한 상황에서 스스로 자기 길을 찾아가야 한다. 어른들이 살아온 방식이 아이들 세대에서 통하지 않고 부모가 아이의 미래를 만들어줄 수도 없다. 부모가 아이의 장래를 책임질 수 없고, 아이에게 어른들의 의견을 무작정 따르라고 강요해서도 안 된다.

100년 동안 사랑받아온 동화 『오즈의 마법사』에서 가짜 마법사는 뇌가 없다고 생각하는 허수아비에게 이렇게 이야기한다.

"넌 뇌가 필요 없어, 넌 매일 무언가를 배우잖아. 경험만이 앎을 가져다주지. 세상을 살면서 많은 경험을 할수록 지혜를 얻게 되는 거야. 그 뇌를 어떻게 사용하는지는 말해줄 수 없어. 그건 스스로 찾아내야 해."

 -『오즈의 마법사』, L. 프랭크 바움

부모는 마법을 부리는 마법사가 아니기에 아이의 적성을 찾아가는 일을 직접 해결해 줄 수 없다. 하지만 아이가 길을 찾아가는 것을 격려하고 함께 고민하는 것은 충분히 가능하다.

부모 스스로 변화된 시대에 적응하려고 노력하고 이 과정에서 발생하는 시행착오에 대해 열린 마음을 갖는 것이 중요하다. 아이는 부모가 불확실한 상황에서 인내하는 모습을 보면서 자신의 길을 찾아가는 데 힘을 얻는다.

아이마다 독특한 성향과 기질이 있으며, 아이들에게는 좋은 점과 다듬어나

가야 하는 점이 공존한다. 엄마는 아이를 사랑하기에 아이에 대해 끊임없이

공부해 아이만의 기질을 알아내고 이를 보완해나가려 한다. 엄마가 아이의

표정과 행동을 관찰하면서 감정에 이름을 붙여주면 아이는 자신의 느낌이

어떤 감정인지를 알아나간다. 아이가 속상함, 좌절, 분노와 같은 부정적인

감정을 겪을 때 아이 입장에서 공감을 해준다면 아이는 이것을 견뎌내는 법

을 배우게 된다.

3장

아이를 바로 알기 위한
엄마 공부법

아이를 안아주고
다루어주기

아이마다 자신의 독특한 성향과 기질이 있다.
엄마는 아이의 기질을 있는 그대로 인정하고
부족한 점을 보완해가는 과정을 도울 수 있다.

영랑이는 유치원 때부터 주변 여자아이들과는 사뭇 달랐다. 가만히 앉아서 소꿉놀이나 인형놀이를 하는 여자아이들과 어울리기보다는 운동장에서 공을 차며 뛰어다니고 나무에 올라가는 것을 좋아했다. 대개 남자친구들과 산에 올라가 새로운 곤충과 돌을 찾는데 시간을 보냈다. 영랑이가 잡아온 곤충을 보고 여자아이들이 놀라고 도망치는 일이 있어 선생님에게 꾸중을 듣기도 했다.

아빠는 영랑이가 여자답지 못하다며 탐탁치 않은 눈으로 보았지만 엄마는 영랑이의 특성을 존중해주려 했다. 영랑이가 하는 일이 남에게 피해가 되지 않고 자신에게 해가 되는 일이 아니면 대부분 허락을 해주었다.

초등학교 때 영랑이는 좋아하는 것이 비슷하고 마음이 잘 통하는 남자아이와 친하게 지내며 즐겁게 보냈다. 친구와 함께 상상한 것을 과학상자나 다른 재료를 가지고 만들어보고, 궁금한 것은 도서관에 가서 책을 보며 알아갔다. 여자아이들과 있을 때면 할 말이 없어 어색한 기분이 들었지만 영랑이는 크게 신경 쓰지 않았다.

중학교에 진학하면서부터는 친한 남자아이가 전학을 가고 남녀 분반으로 인해 학교 활동을 여자아이들과 해야 했다. 중학교 2학년이 된 영랑이는 점차 말수가 줄어들고 하루 종일 침울한 표정으로 지냈다. 엄마와 함께 바람을 쐬러 나가서 맛있는 것을 먹을 때에는 기분이 조금 나아지는 듯이 보였지만 학교에 있는 동안 늘 처져 있었다.

2학년 2학기 학교 체육대회에서는 학급회의를 통해서 결정된 댄스 공연을 하게 되었다. 체육대회를 3주 앞둔 점심시간에 반 아이들이 모여서 연습을 하던 중 영랑이가 다른 아이들과 다투었다. 담임선생님은 엄마에게 연락을 해 영랑이가 공연 준비에 협조하지 않고 "이딴 건 수준이 낮고 유치하다"라고 말해 학급 아이들이 상처를 받았다고 했다. 영랑이가 급식 시간에 늘 혼자 밥을 먹고 교복 치마를 단정히 입지 않아 눈에 띈다고도 했다. 엄마는 집에 돌아온 영랑이와 학교생활에 대해 이야기를 나누었다.

엄마: 댄스 연습을 하면서 아이들과 다투었다는 이야기를 선생님한 테서 들었어. 무슨 일이 있었니?

아이: 엄마는 내가 그런 걸 얼마나 싫어하는지 알지? 나도 웬만하면 참고 하려고 했어. 그런데 내가 동작을 못한다면서 비웃으니까 너무 화가 나서 그렇게 말했어. 사실 나는 애들이 그런 유치한 댄스를 왜 하고 싶어 하는지 모르겠어. 그리고 사람마다 취향이 다를 수 있는데 다수결로 결정해서 무조건 따라야 하는 것이 맘에 안 들어. 이렇게 된 마당에 나는 체육대회에 안 갈 거야.

엄마가 굳건히 안아줄 때 아이는 자신의 힘을 느낀다

엄마는 영랑이의 취향이나 성격을 알기에 그동안 영랑이가 무엇을 불편해하는지 알 것 같았다. 학교에서 영랑이가 이해받지 못하고 혼자서 외롭고 힘들게 지내왔을 일을 생각하니 마음이 아팠다.

엄마는 영랑이가 자신의 고유한 성향을 잘 지키면서도 주변과 원만하게 지내는 것을 도와줄 방법을 고민했다. 먼저 담임선생님을 만나 영랑이의 성향에 대해 설명하고, 중학교에서 나름 적응하기 위해 애쓰고 있다는 사실을 알렸다.

치마를 입지 않았던 영랑이가 교복치마를 입는 것이 불편해서 치마 안에 체육복 바지를 입었는데 이것은 교칙을 어기는 일이었다. 엄마는 여자아이도 교복 바지를 입을 수 있는지 물어보았다.

영랑이가 다수의 아이들과 생각이 다른 점이 있지만 대체로 학교 규칙을 지키고 남에게 피해를 주지 않으려 한다는 것도 설명했다. 학교라는 환경이 영랑이에게 맞춰주는 데 한계가 있기에 엄마는 영랑이가 조금 더 열린 마음을 가질 수 있도록 대화를 나누었다.

엄마: 싫지만 참고 연습하려고 했던 것은 너무 대견하다. 다른 수업이나 활동에서도 힘든 점이 있으면 엄마한테 말해줘.

아이: 과학시간에 수행평가로 실험을 하는데 여자애들은 관심이 없어서 수다만 떨어. 싸우긴 싫으니까 내가 다 하고 있어. 참여하지 않고 점수 받는 아이들을 보면 짜증나. 나한테 고맙다는 이야기도 안 해. 내가 잘할 수 있는 일을 도와주었는데, 이번에 댄스 연습에서 못한다고 지적하니까 아이들이 너무 얄미워. 나는 지금 학교 애들하고 잘 지낼 수 없나봐.

엄마: 영랑이가 그동안 반 아이들에게 맞춰주려고 애쓰면서 지내왔구나. 네 입장에서는 답답하고 속상했을 것 같아. 과학실험처럼 네가 잘할 수 있는 것도 있지만 댄스 연습처럼 좋아하지 않

는 활동도 있을 거야. 엄마는 학교에서 체육대회는 중요한 행사이니 참여를 하는 게 좋다고 생각해. 체육대회에 나가지 않으면 네가 마음이 편할까? 네가 댄스를 못한다고 비난받았을 때 화가 난 것처럼 다른 아이들도 댄스에 대해서 비판받으면 화가 나. 서로 비난한 것은 잘못이야.

엄마와 대화를 나눈 후에 영랑이는 한동안 생각에 잠겼다. 다음 날 영랑이는 선생님 앞에서 다투었던 아이들과 사과를 하고 다시 댄스 공연 연습을 했다.

엄마는 영랑이가 자신에게 주어진 일을 책임감 있게 한 것을 칭찬했다. 주변 환경과 자신이 맞지 않아도 조율해가는 과정을 보며 엄마는 영랑이의 가능성을 믿게 되었다.

영랑이는 엄마가 남들과 다르게 자신의 특성을 받아들이고, 비판하지 않으며 자기 감정을 이해하려고 애쓰는 모습을 보며 큰 위안을 얻었다. 엄마가 보여준 것처럼 주변과 마찰이 있으면 적절히 타협하고 자신의 모습은 지켜나가기로 결심했다.

아이가 원하는 것을
참을 수 있게 좌절시키기

아이는 자신이 원하는 모든 것을 할 수 없음을 배워야 한다.
자신을 가장 아끼는 엄마가 일관된 제한을 하면
아이는 규칙을 수월하게 익힌다.

강연이의 별명은 지칠 줄 모르는 '에너자이저'이다. 아침에 눈을
떠서 잠이 들 때까지 잠시도 가만히 있지 않고 집 안을 돌아다니
고 쉴 새 없이 이야기를 한다. 장난기 많고 애교가 넘치는 강연이
는 할머니, 할아버지, 아빠의 귀여움을 독차지한다. 가끔 강연이를
만나는 어른들은 강연이가 원하는 것을 대부분 들어준다.

같이 있는 시간이 많지 않아 늘 미안한 마음을 갖는 아빠는 주
말에 강연이에게 무언가를 해주려고 애를 쓴다. 엄마는 이런 모습
을 보며 강연이가 욕구를 참는 것을 배우는 일이 늦어질까봐 염려
된다.

금요일 저녁 늦게 퇴근한 아빠는 강연이와 장난감을 가지고 놀아주었다. 신이 난 강연이는 흥분해 장난감으로 아빠의 머리를 쳤다. 아빠가 하지 말라고 여러 번 말해도 강연이가 멈추지 않자 아빠는 화를 냈다.

"그만하라고 했잖아. 너는 왜 그렇게 말을 안 들어."
"오늘 아빠가 정말 화가 났으니까 그만해. 이러면 다시는 같이 안 놀아준다."

아빠의 얼굴을 보며 강연이가 잠시 움츠러들었다. 하지만 10분이 지나자 언제 그런 일이 있었느냐는 듯 활개치며 돌아다닌다. 우스꽝스러운 흉내를 내며 장난치는 강연이를 보면서 아빠는 껄껄거리며 웃으며 받아주었다. 아빠는 강연이가 과하게 장난치는 것을 혼내주고 싶었지만 이번에는 그냥 넘어가기로 했다.

저녁 9시가 넘자 엄마는 강연이에게 놀이를 정리하고 잘 준비를 하자고 말한다. 강연이는 아빠 뒤에 숨어서 조금만 더 놀게 해달라고 조른다.

> 아빠: 내일 유치원을 안 가니까 오늘은 강연이랑 아빠랑 더 놀자. (아내를 보며) 여보, 그래도 되지?

엄마: 안 돼. 강연이가 자는 시간은 9시 30분이니까 지켜야 돼. (아이를 보며) 엄마랑 약속했었지?

아이: 아빠, 엄마한테 말 좀 해줘. 내 말을 안 들어줘. 엄마 정말 싫어.

아빠에게 조르면 원하는 만큼 놀 수 있을 것이란 생각에 기대를 했다가 엄마가 단호하게 안 된다고 하자 강연이는 입을 삐죽이고 투덜대면서 잠자리에 들었다. 강연이는 아빠랑 할머니와 할아버지는 자기 말을 다 들어주는데, 엄마는 규칙을 지킬 때에만 원하는 것을 해주는 것이 이상했다.

엄마는 나를 예뻐해주면서도 혼내거나 안 된다고 하는 일이 종종 있어서 '엄마가 정말 나를 사랑하는 것이 맞나' 하는 생각도 들었다. 아빠는 화를 내도 자신이 웃으면서 버티면 그냥 넘어가는데 엄마는 하라고 한 일을 반드시 시킨다. 강연이는 어떻게 행동해야 자신이 원하는 것을 어른들이 들어주는지 혼란스러웠다.

안정적이고 예측 가능한 엄마

유치원이 끝나고 집으로 오는 길에 강연이는 놀이터에 들러서 놀 수 있다. 놀이터에는 동네 형들이 있어 재미있는 일들이 많다. 강연이는 놀이터에서 조금이라도 오래 놀고 싶어서 엄마가 집에 가자고 할 때 안 들어가겠다고 고집을 피운다. 울면서 소리를 지르면 집에 들어가는 것이 조금 늦춰지기도 해서 강연이는 자꾸 떼를 쓰게 되었다.

엄마는 강연이에게 앞으로 저녁 6시가 되면 집으로 돌아갈 것이고, 떼를 쓰고 고집을 피우면 그 다음날은 아예 놀이터에서 놀지 못한다는 규칙을 정했다.

다음날 놀이터에서 놀다가 저녁 6시가 되자 엄마가 집에 가자고 말했다. 강연이는 싫다고 말하며 미끄럼틀 뒤에 숨어버렸다.

> 엄마: 7시에 아빠가 오시면 같이 저녁을 먹어야 해. 엄마가 저녁을 준비하기 위해서 6시에는 집에 가야 해. 강연이가 놀이터에서 매일 즐겁게 놀려면 이 규칙을 지켜야 돼.
> 아이: 싫어. 형들도 안 들어갔어. 왜 나만 들어가. 엄마 먼저 가.

엄마는 강연이 손을 잡고 끌어당겼지만 강연이는 드러누워 울기 시작했다. 주변 사람들이 강연이 주변으로 몰려들어 웅성거렸고 엄마는 창피했다. 엄마는 다른 사람의 시선보다 강연이가 적당히 놀고 멈추는 것을 배우는 것이 중요하다고 생각해서 한참의 실랑이질 끝에 집으로 돌아왔다.

다음날 엄마는 정한 규칙대로 강연이가 놀이터에 가서 노는 것을 금지시켰다. 엄마를 원망하며 훌쩍거리는 강연이에게 내일부터 시간을 잘 지키면 매일 놀이터에 갈 수 있다고 말했다.

엄마는 매일 매일 정해진 규칙대로 강연이를 대했다. 이후 강연이는 6시에 집에 오는 규칙을 어겨서 다음날 놀이터에서 노는 일이 여러 번 금지당했다. 하지만 점차 강연이는 놀다가 시간이 얼마나 흘렀는지 확인하고 정해진 시간 안에서 노는 것을 연습하기 시작했다.

> 엄마: 강연이가 놀다가 6시가 되면 놀던 자리를 정리하고 형들에게 인사한 뒤 오는 모습은 정말 의젓해. 약속을 잘 지키니 엄마는 정말 기분이 좋아.
>
> 아이: 6시까지 충분히 놀 수 있으니까 좋아요. 내일 또 놀면 되잖아요. 나는 엄마한테 혼나서 울거나 떼쓰는 아이가 아니에요.

엄마는 강연이의 이야기를 듣고 뿌듯했다. 강연이와 실랑이를 하고 서로 얼굴 붉히는 일이 있었지만 아이가 자신의 욕구를 조절하는 것을 연습하기 위해서는 엄마와의 상호작용이 필요하다. 되는 것과 안 되는 것에 대해서 명확하게 정하고 일관되게 알려주는 것이 강연이가 스스로 조절하는 능력을 키우는 데 도움이 된다.

엄마처럼 늘 곁에서 아껴주고 보살펴주는 대상이 규칙을 정해서 알려주면 아이는 자연스럽게 규칙이나 제한이 자신을 위해서 존재하는 것으로 받아들인다. 이런 과정을 겪은 아이는 학교나 외부 세계의 규칙을 따르고 적응하는 것이 수월하다.

아이의 감정에
이름 지어주기

엄마가 아이의 표정과 행동을 관찰하며 반응을 해주면
아이는 자신의 느낌이 어떤 감정인지 알게 된다.
그렇게 아이는 자신의 감정을 조절하는 법을 배운다.

"아이가 감정 표현을 잘 안 해요."
"아이가 상처받지 않고 학교생활을 잘했으면 해요."
"아이가 힘들다고 하면 어떻게 대답해줄까요?"

엄마는 아이가 '속상함, 슬픔, 미움, 화가 남, 우울함, 불행함, 두려움, 불안'과 같은 감정을 되도록 겪지 않고 지내길 바란다. 아이의 감정 상태가 대체로 '즐거움, 기쁨, 행복함, 편안함'에 속하기를 바란다.

이러한 바람으로 아이에게 감정을 물어보면 아이는 편안히 대답하지 못한다. 두렵고 힘든 감정을 표현했을 때 엄마가 과하게 걱정하거나 흔들리는 모습을 보이면 아이는 이러한 감정을 감춰야 하는 것으로 판단한다.

아이가 감정을 표현했을 때 엄마가 기뻐하거나 즐거운 반응을 보이면 아이는 그 표현을 반복해서 시도한다. 아이가 다양한 감정을 자유롭게 표현하는 것을 바란다면 아이가 부정적인 감정을 표현했을 때도 담담히 받아주는 것이 필요하다.

감정을 표현하는 능력은 타고나는 것이 아니라 자라나면서 커 가는 것이다. 아이는 자신의 감정을 표현하는 단어가 무엇인지 모르다가 엄마와 주변의 반응을 통해서 알게 된다.

아이가 자신이 느끼는 감정을 하나하나 구분해서 표현하는 능력이 생기려면 엄마가 아이의 표정, 모습, 있었던 일을 들여다보며 감정에 이름을 지어주는 과정이 필요하다.

엄마: 오늘 유치원 끝나고 매우 즐거워 보이네. 신나는 일이 있었니?

아이: 아니, 없는데.

엄마: 엄마가 친구랑 노는 모습을 보았는데, 네가 입을 꾹 다물고 있어 화가 난 것처럼 보였어. 혹시 속상한 일이 있었으면 말해줄래?

아이: 아, 몰라. 짜증나.

엄마의 짐작이 틀릴 수도 있고, 아이가 대답을 대충 할 수도 있다. 하지만 엄마가 아이의 마음에서 일어나는 일을 궁금해 하고 즐거운 감정이든 나쁜 감정이든 편안하게 나누면 된다.

엄마가 꾸준히 아이의 감정에 관심을 가져주면 아이도 자신의 감정에 대해 주의를 기울인다. 친구와 다투고 난 뒤 평상시와 달리 노는 것이 싫고 짜증이 나면 엄마에게 와서 마음의 변화에 대해 말한다.

아이: 아까 친구가 내 이름을 가지고 놀렸어. 하지 말라고 했는데 계속 하면서 웃는 거야. 그 아이가 얄미워.

엄마: 그런 일이 있었구나. 그때 어떤 마음이었을까?

아이: 그냥 싫었어. 그 자리에서 기분 나쁘다고 말했어야 하는데. 그때는 그런 생각을 못했어.

엄마: 친구가 놀리는 말을 계속하면 속상한 마음이 들 수 있어. 엄마가 너였어도 속상했을 것 같아. 다음에는 친구에게 네 마음을 말해줘.

엄마는 아이의 감정을 비추는 거울이다

　　　　엄마와 이야기를 한 후 아이는 그때 감정이 속상함이라는 것을 알게 되었다. 그리고 누군가와 이야기를 나누는 것만으로도 마음이 정리되고 편안해진다는 것을 경험하게 된다. 엄마와 이야기를 하면서 아이는 앞으로 어떻게 마음을 표현해야 할지, 친구에게 어떻게 대해야 할지를 배우게 된다.

친구가 자신에게 놀리는 말을 했을 때 속상했던 것처럼 내가 친구를 놀리면 친구도 속상한 감정을 느낄 것이라고 예측하게 된다. 막연히 불편한 마음이 아닌 자신의 감정을 한 단어로 표현할 수 있게 되면 아이는 자신의 감정을 잘 조절할 수 있다는 확신이 생긴다. 또한 엄마와 감정을 알아보는 경험을 한 아이는 다른 어른들에게도 감정을 표현하고 확인받는 것을 시도한다.

아이: 그 친구는 다른 아이들도 놀려. 속상한 일이 생기면 선생님한테 말해야겠어.

엄마: 그래. 친구들끼리 이야기해보고 해결되지 않으면 선생님께 말해보는 것도 좋은 방법이야. 선생님이 친구들에 대해 가장 잘 알고 계시니까 도와주실 거야.

실패해도 다시 일어나는
아이 지켜보기

새로운 것을 시도하는 아이는 실패를 겪고 좌절하기도 한다.
엄마가 직접 개입해서 도와주기보다는 아이 스스로
실패를 견뎌내는 과정을 기다려주고 함께 고민해주자.

활발하고 적극적인 성향의 경희는 중학교에 입학하며 열심히 지내기로 결심했다. 경희는 아이들에게 먼저 다가가고 잘하는 것들을 보여주었다. 3월 둘째 주가 되자 경희는 반의 모든 아이들과 친해진 것 같았다. 임원 선거를 통해 학급 회장이 된 경희는 반 아이들을 대상으로 단체 채팅방을 열고 아이들을 초대해 정보를 나누었다. 엄마는 경희가 즐겁게 학교생활을 해서 기뻤고 스스로 노력하는 모습이 대견했다.

경희의 주도로 금요일 오후에 반 친목 모임을 하게 되었다. 함께 먹을 음식을 정하고 반 티셔츠를 만드는 과정에서 아이들의 의견이 각각 달라 이를 조율하는 것이 어려웠다. 채팅방에서 의논을 해도 해결책이 나오지 않자 경희가 최종 결정을 했다. 음식을 준비하는 것은 경희 혼자 하기는 힘들어 각 부장에게 할 일을 맡겼다. 친목 모임 전날, 경희는 가장 친한 친구에게 예상치 못한 이야기를 들었다.

아이들이 경희에 대해서 "너무 나댄다. 혼자만 잘난 줄 알고 마음대로 이것저것 정한다. 자기가 선생님도 아니면서 일을 시킨다. 정말 재수없다"라며 비난하고 있었던 것이다. 경희는 학급을 위해서 애쓰고 있다고 생각했는데, 아이들이 자신을 안 좋게 본다는 이야기를 들으니 몹시 화가 났다. 다음날 친목 모임에서 경희는 자신을 비난한 아이에게 따져 물었고 결국 다투게 되었다.

아이: 엄마, 나는 즐거운 반을 만들기 위해서 애썼는데 아이들이 싫어할 줄 몰랐어. 내 앞에서는 좋은 말만 했는데 뒤에서 험담을 하다니, 배신감을 느껴. 애들이 무섭게 느껴져. 믿을 만한 아이가 별로 없는 것 같아.

엄마: 친구들이 험담한다는 이야기를 들어서 네가 정말 속상하겠구나. 그동안 노력한 게 소용없는 것처럼 느껴졌겠다. 그런데 몇 명이 험담을 한다고 해서 모든 아이들이 그렇게 생각하는 것은 아닐 거야. 다른 아이들의 의견도 들어보자.

좌절이 있어도 견뎌낼 수 있다

경희는 중학교 시절을 친구들과 즐겁게 보내고 싶은 마음이 컸다. 어른들이 말한 대로 먼저 나서서 노력하면 무엇이든 해낼 수 있다고 생각했다. 좋은 의도로 행동하면 다른 사람에게 인정받을 수 있다는 생각에 학급 회장 역할에 적극적이었다.

경희는 리더 역할이 처음이라 마음이 앞서 다른 아이들이 의견을 낼 때까지 충분히 기다리지 못했다. 경희의 마음을 이해하지 못한 아이들은 경희가 자기중심적으로 행동한다고 생각하고 불편해했다.

친한 친구는 경희가 오해받는 것이 안타까워서 아이들이 험담한 것을 알려주었는데, 이 일로 다툼이 생기자 입장이 곤란해졌다. 친한 친구조차 경희에게 거리를 두자 경희는 크게 좌절했다.

아이: 아이들이 이제 나를 안 좋게 봐. 앞으로도 계속 이럴 것 같아. 남은 학년을 어떻게 보낼 수 있을까?

엄마: 막막한 기분이 들겠구나. 리더를 한다는 것은 누구에게나 힘든 일이야. 처음 하는 경우에는 실수를 할 수 있어. 다른 친구들도 실수를 하고 고쳐나가면서 배우는 거야.

아이: 아이들과 함께 하는 행사를 준비할 때에는 충분히 의견을 나누

는 것이 필요하다는 것을 알았어. 내가 노력을 하면 아이들이 알아줄까?

엄마: 네가 아이들의 의견을 모으는 과정에서 실수를 했지만 친구의 험담을 한 아이들도 잘못한 거야. 네가 실수한 부분에 대해서만 인정하고 사과하면 돼.

엄마는 경희의 감정을 공감해주고, 이후 대응방법을 함께 고민했다. 경희는 다투었던 아이와 화해를 했고, 이후 회장 일을 할 때 아이들의 의견에 좀 더 귀 기울여 듣는 모습을 보였다.

시간이 지나자 반 아이들도 경희의 노력을 인정하기 시작했고, 경희는 어려운 상황을 견뎌내는 것을 경험한 후 조금 더 마음이 단단해진 것 같았다. 엄마는 경희가 좌절을 겪어도 무너지지 않고 견디는 모습을 보고 기뻤다. 앞으로 혹시 다른 좌절을 겪게 되더라도 경희의 힘을 믿고 지지해주며 기다려주기로 결심했다.

아이에 대해 공부하는 것이
진정한 사랑이다

아이는 엄마와는 다른 특성을 가진 존재이다.
엄마는 아이의 생각과 느낌을 알기 위해
사랑하는 마음으로 아이에 대한 공부를 해야 한다.

아이들이 모두 다른 얼굴을 가지고 있는 것처럼 아이들은 모두 각기 다른 생각, 감정을 가지고 있다. 내가 낳은 아이가 나와 매우 다를 수 있다.

엄마는 양육을 하며 자신의 기준으로 아이를 온전히 이해하기는 힘들다는 것을 알게 된다. 어려서 스스로 표현하지 못하는 아이의 성향과 특징을 관찰하고 살피며 배워야 한다. 아이에 대해 공부하는 일은 끈기와 노력, 엄마의 자발적인 의지가 있어야 한다.

정도는 어린 시절부터 어른들의 지시에 잘 따르고 규칙을 잘 지키는 아이였다. 유치원에서 아이들이 순서를 지키지 않으면 자신이 나서서 지적을 하고 선생님에게 알리는 경우가 많았다.

독서를 좋아하는 정도는 많은 지식과 정보를 알고 있으며 주변에서 벌어진 일이 이해가 되지 않으면 매우 답답해한다. 뉴스에서 교통사고 소식을 보면 엄마, 아빠에게 왜 그런 일이 벌어졌는지 물어본다. 엄마가 잘 모르는 부분에 대해서는 함께 인터넷 검색을 통해 원인을 알아낸다. 차를 타고 어딘가로 가야 할 때도 사고가 날 확률이 있는지, 안전한 길인지를 몇 차례나 확인한다.

엄마는 가능한 한 최선을 다해서 정도에게 설명한다. 이런 모습을 본 다른 어른들은 정도가 너무 예민하다며 일일이 다 설명해줄 필요가 없다고 엄마를 말린다. 하지만 엄마는 정도가 성장해 유연하게 생각할 수 있을 때까지 옆에서 도와줘야 한다고 생각했다.

사랑은 사람을 생각하게 만든다

정도는 세 살 때부터 주변의 모든 것에 대해 궁금해했다. 너무 당연해 보이는 일들도 이유를 알고 싶어 하고 새로운 질문을 했다. 엄마는 정도가 하는 많은 질문에 대답하는 것이 힘들고 지쳐 짜증이 날 때도 있었다. 하지만 정도가 그렇게 물어보는 것은 아이 나름의 이유가 있다고 여겨 정도가 궁금해하는 것을 엄마도 열심히 생각했다.

　어느 날 감기가 심하게 걸린 정도는 감기약을 챙겨서 유치원에 갔다. 점심을 먹고 감기약을 먹는 것을 놓치게 되었고, 이것을 알아챈 정도는 유치원에서 큰 소리로 울었다. 선생님이 달래줘도 울음이 그치지 않아 엄마가 오셨다.

아이: 의사 선생님이 점심 먹고 30분 안에 약을 먹으라고 하셨어. 그런데 점심 때 약을 먹지 않았어. 의사 지시대로 먹어야 한다고 과학책에서 봤어.

엄마: 의사 선생님 말씀을 반드시 지켜야 된다고 생각했구나. 몸이 낫지 않을까봐 걱정이 되니?

아이: 감기가 잘 낫지 않으면 폐렴이 될 수도 있다고 했잖아. 약을 안 먹어서 폐렴이 되면 어떻게 해?

엄마: 지금 먹는 약은 해열제와 기침약이야. 감기 증상을 줄여주는 것이지. 정도가 잘 먹고 푹 쉬면 몸 안의 면역세포가 감기를 낫도록 해줄 거야.

아이: 내일 병원에 가서 의사 선생님에게 다시 물어볼 거예요.

　엄마는 정도가 작은 일에 너무 크게 반응하는 것 같아 속상했다. 하지만 일곱 살 정도가 책에서 본 내용을 실제 상황에 적응하는 데 있어서 융통성을 갖기는 아직 이르다는 생각이 들었다.

　정도는 의사가 만약의 경우에 대해 엄마에게 이야기한 것을 기억해내고 불안했던 것이다. 다음날 정도는 병원에 다녀온 뒤 밝은 표정으로 엄마에게 이야기했다.

> 아이: 손 잘 씻고 푹 자겠다는 의사 선생님과의 약속을 잘 지켜서 칭찬해주셨어. 감기 증상이 좋아졌대. 몸이 빨리 건강해지는 아이는 약을 덜 먹어도 된다고 하셨어.
>
> 엄마: 걱정되는 마음이 사라졌구나. 해결 방법을 알게 되면 걱정을 줄일 수 있어. 방법을 모르더라도 너무 놀라지 말고 앞으로는 차근차근 알아보자.

　정도가 과하게 불안한 반응을 보일 때 엄마가 같이 예민해지지 않고 견뎌주는 것은 정도를 사랑하는 마음이 있기에 가능하다.

　엄마이기에 아이가 보인 반응을 살피고 고민하고 생각한다. 그리고 엄마는 아이에 대해 많은 생각을 하기에 아이의 특성에 대해서 가장 잘 알게 된다.

아이가 문제없이 잘 지내게 하는 것이 좋은 엄마인 것 같아 이를 위해 노력하는 엄마들이 있다. 남들의 기준, 평균에 아이를 맞추기보다는 아이와 함께 대화하며 최선의 방법을 찾아가는 보통 엄마가 되자. 아이가 사회생활을 시작하며 다양한 사람과 만나고 어려움을 겪을 때 친절과 배려와 같은 원칙만을 알려주고 아이 스스로 해결하도록 해야 한다. 아이가 자신의 주장이 생기며 엄마와 어긋날 때에는 아이 스스로 경험을 하며 생각의 그릇이 자랄 때까지 아이의 성품을 믿고 기다려보자. 아이가 잘못을 하거나 어려움을 겪을 때는 적극적으로 도와주고 엄마의 도움이 필요 없어지면 엄마 역할을 줄여나가야 한다.

4장

적당히 부족한
엄마로도 충분하다

좋은 엄마이고 싶은
보통의 엄마들

내 아이가 다른 아이들처럼 평범하고 무난하게
자라도록 해주는 엄마가 좋은 엄마로 여겨진다.
그러나 좋은 엄마가 되기 위해 타인의 기준에 아이를 맞추진 말자.

초등학교 3학년인 보통이 엄마는 요즘 '나는 좋은 엄마인가?'라는 생각을 자주 한다. 답답한 마음에 주변 사람들에게 물어보면 "그럼, 좋은 엄마지!"라는 답을 듣는다. 보통이에게 크게 화를 내거나 혼내본 적이 없고 웬만하면 아이의 말을 귀담아 듣고 반응하는 편이지만 '내가 엄마로서 잘하고 있나?'라는 고민은 늘 계속된다.

무엇이든지 알아서 잘하는 첫째와 달리 둘째 보통이는 낯가림도 많고 내성적인 아이다. 담임선생님은 보통이가 수학에 재능이 있고 모범적으로 지낸다고 하지만 엄마 앞에서의 보통이는 "시험 보는 거 스트레스 받아"라며 풀죽은 모습이다.

주위 엄마들은 보통이가 순하고 착하다며 부러워하지만 엄마는 보통이가 혼자 있기 힘들어하고 조금만 지적을 해도 울먹이는 모습을 보일 때마다 마음이 무너져 내린다.

보통이 엄마는 TV에서 소아기 우울증상에 관한 내용을 본 뒤 아이에 대해서 행여나 놓치는 것이 있을까봐 상담실을 찾았다. 보통이에게 자신이 좋은 엄마인지가 궁금했다.

"좋은 엄마란 어떤 엄마라고 생각하세요?"라는 질문에 "아이가 평범하게 잘 자라게 도와주는 엄마"라고 답했다. 보통이 엄마가 보통이에게 바라는 것은 높은 성적이나 대단한 결과가 아니라 다른 아이들처럼 평범하게 잘 지내는 평균적인 것이었다.

다른 아이들의 평균적인 모습이 기준이다 보니 아이가 상대적으로 미흡해 보이면 쉽게 불안해졌다. 3학년이면 밤에 혼자 잘 수 있다는 이야기를 듣고 보통이를 혼자 재워보았지만 몇 번이고 안방으로 와서 결국 엄마 옆에서 잠든 아이를 보면서 속상했다.

좋은 엄마여야 한다는 압박감에서 벗어나자

다양한 육아 서적, 양육 관련 강좌, 인터넷 정보들이 넘쳐나는 것을 보면 많은 부모들이 좋은 부모가 되는 일에 관심이 높다는 것을 알 수 있다. 자녀 양육에 대한 관심이 커지면 내 아이가 '정상' '평균' '표준'의 기준에서 어디에 속하는지 민감해진다.

부모가 아이의 모습을 이상적인 평균에 맞추게 되면 그와 다른 경우 더 큰 실망과 고통을 느끼게 된다. 또한 엄마의 역할에 대해서도 '최소한 이 정도는 해야 하지 않을까'라는 생각에 아이와 무언가를 할 때도 즐거움보다는 자책감을 경험한다.

아이의 발달 과정을 체크하기 위해 시행한 임상심리 검사결과에서 보통이는 인지적 역량이 잘 발달되어 있으나 자신에 대한 기대감이 높아 주변의 평가에 민감한 상태였다. 인정받기 위해 꾸준히 노력하는 편이지만 기질적으로 실패나 좌절에 대해 충분히 표현하고 안정감을 느끼는 과정이 필요했다.

상담을 통해 보통이가 스스로 갖는 기대치를 알아보고 이를 현실적으로 수정해줘 마음의 에너지를 너무 쓰지 않도록 도와주었다. 보통이 엄마는 다른 아이들과 비교하느라 보통이의 마음을 헤아려주지 못한 것 같아 미안했다.

나는 보통이 엄마의 특성인 섬세함과 지속적인 노력이 있었기에 보통이가 엄마에게 힘든 감정을 털어놓고 기댈 수 있었다고 설명했다. 엄마 자신이 실수를 하더라도 수정하고 해결해나가는 것을 편안하게 여기면 보통이도 자신의 실수나 실패를 여유 있게 넘길 수 있다.

자녀를 양육하는 것은 무던한 노력을 통해 성취하는 과제가 아니라 불안정한 세상에서 예측이 어려운 항해를 하는 것과 같다. 아이는 부모와 다른 새로운 인격체이고, 그 인격체가 어떤 성향이나 욕구를 가질지 미리 알지 못한다. 아이마다 각자의 특성이 있듯이 부모도 부모의 특성이 있고, 이것이 서로 시너지를 낼 수 있다.

좋은 엄마가 되어야 한다는 압박감에 아이와의 소통에 몰두하지 못하는 경우가 있다. 엄마 스스로 엄마의 역할을 평균적인 이상에 가둬두지 않고 아이와 함께 자기 자신을 찾는 여정을 떠나면 된다.

아이에게 세상을
소개시켜주기

엄마로부터 안전하게 보호를 받던 아이는
세상에 나갔을 때 혼자 견뎌내야 하는 일에 마주친다.
이때 엄마는 아이가 다양한 시도를 하도록 격려해주자.

아이는 엄마와 아빠가 만든 가정에서 안전하게 보호를 받으며 자신의 욕구를 표현해나간다. 상상의 나래를 펼치며 놀이를 통해 아이만의 환상을 갖는다. 엄마는 아이가 욕구와 감정을 표현할 수 있게 도와주고, 아이에게 해가 되는 일은 막아야 한다.

욕구가 좌절될 때 아이는 떼를 쓰고 속상해하지만 늘 애정을 주던 엄마의 제한이 자신을 위해서라고 막연히 믿는다. 가정 안에서 아이가 욕구대로 해도 되는 것과 하지 말아야 할 것을 배우게 되면 어린이집이나 유치원과 같은 외부 세계에서도 어른들의 교육을 수월하게 받아들인다.

엄마가 일관된 태도로 아이를 키우더라도 아이는 어린이집이나 유치원에 가게 되면 어쩔 수 없이 나와 안 맞는 대상도 있다는 것을 깨닫게 된다. 엄마는 아이가 좋은 선생님, 잘 맞는 친구들과 지내길 바라지만 아이가 속한 집단에는 다양한 사람이 존재하기 마련이다.

아이는 외부 세상이 완벽하지 않고, 엄마가 가르쳐주지 않은 일이 일어나는 것을 겪으며 혼란스럽고 힘들다. 엄마가 아이 대신 해결해줘야 하는 일도 있지만 친구와 관계를 유지하는 일이나 단체 생활에 적응하는 것은 아이가 스스로 경험하면서 대처 방법을 찾아나가야 한다.

아이를 혼란스럽게 하는 엄마의 반응

다섯 살 딸이 유치원에서 친구들이 역할놀이에 자신을 끼워주지 않는다고 속상해하는 상황을 예를 들어보자. 엄마는 딸이 친구들과 잘 지낼 수 있게 집으로 친구들을 불러 파티를 하기도 했다. 힘들어하는 딸을 보며 엄마도 속상하고, 파티에 왔던 아이들이 야속하게 느껴져 친구 엄마에게 전화를 해본다. 친구 엄마들은 아이들을 타이르겠다고 하지만 딸은 여전히 유치원에 다녀

와서 풀죽은 모습이다. 이에 엄마는 다음과 같은 말들을 쏟아낸다.

"왜? 오늘도 걔네들이 안 끼워줬어?"
"차라리 걔네들하고 놀지 마. 친구를 소외시키는 것은 나쁜 행동이야. 애들이 어쩜 그래?"

엄마는 늘 딸에게 친구들과 사이좋게 지내고, 나와 다른 아이와 맞춰 지내라고 했었다. 속상한 감정을 이해받고자 말했던 딸은 엄마가 한 말이 어떤 뜻인지 헷갈렸다. 딸은 유치원 친구들이 좋고 놀이에 참여하고 싶은 것뿐인데, 엄마가 친구들에 대해 안 좋게 이야기하니 더 속상한 마음에 울음을 터뜨렸다.

좋은 엄마는 세상을 단순하게 설명한다

이를 본 엄마는 순간 정신이 번쩍 들었다. 아이에게 혼란한 마음을 심어준 것 같아 잠시 감정에 치우쳤던 행동을 후회했다. 친구관계에 대해 이제 막 배우기 시작한 딸에게 부정적인 생각을 보여준 것 같았다. 마음을 가다듬고 아이가 처한 상황을 같이 고민해보기로 했다.

엄마: 친구들과 즐겁게 놀고 싶은데 잘 안 돼서 속상하구나. 자유놀이 시간에 아이들은 어떤 놀이를 하니? 네가 같이 하고 싶은 놀이는 뭐니?

아이: 진희랑 수빈이가 도둑과 경찰 놀이를 하는데, 내가 같이 하자고 하니까 아직 도둑이 안 잡혀서 지금은 안 된대. 내가 따라다니면서 하고 싶다고 했는데 안 된대.

엄마: 도둑이 잡혀야 끝나는 놀이구나. 그럼 다음 놀이가 시작될 때까지 기다려야 하겠네. 친구들에게 새로운 놀이를 시작할 때 알려달라고 하자. 놀이에 못 끼어서 속상해하는 친구들이 없도록 너도 놀이를 시작할 때 다른 아이들에게 같이 하겠는지 물어보면 좋겠다.

친구들과의 놀이에 참여하고 즐거워하는 감정을 느끼기 위해 딸은 몇 번의 시행착오를 거칠 것이다. 하지만 '친구들을 배려하고 아끼는 마음을 가지라'는 엄마의 단순한 원칙을 생각하며 적응하는 방법을 차근차근 배워나갈 것이다.

엄마가 아이에게 문제에 대처하는 요령을 일일이 가르쳐주기는 어렵고, 때로는 이런 행동이 아이를 혼란스럽게 할 수 있다. 진지하게 아이의 이야기를 들어주며 아이가 단순하지만 확실한 원칙이나 신념을 지킬 수 있도록 돕는 것이 좋은 엄마의 역할이다.

흔들림 없이 아이를 믿어주는
엄마의 모습 보여주기

아이가 자신의 주장이 생기면 엄마와 다른 의견을 보인다.
아이가 경험과 고민을 겪으며 생각의 크기가 자랄 때까지
엄마가 아이의 성품을 믿어주면서 기다려야 한다.

엄마에게 아이를 키우는 과정은 산을 하나 넘고 나니 또 다른 산을 넘어야 하는 과정이다.

지속적인 돌봄과 가르침이 필요하던 시기가 지나면 어느샌가 아이는 엄마와 다른 생각을 주장한다. 아이의 생각을 교정하고 아이를 통제할 수 있는 시기는 언제까지일까? 그 시기가 지나서 아이가 비현실적인 목표를 세우고, 무조건 거부하는 모습을 보이면 엄마는 어떻게 해야 할까?

5학년이 된 아들이 밤 10시에 스마트폰을 엄마에게 맡기는 규칙이 부당하다고 화를 낸다. 그리고 자신은 개인 방송을 하는 크

리에이터가 되는 것을 꿈으로 정했으니 이제 학원은 안 다녀도 된다고 말한다.

엄마는 아이가 사춘기로 접어든 것 같아 당황스럽다. 주변에서는 본격적으로 학원을 다니며 공부를 하는 시기인데, 아들이 이런 말을 하니 걱정이 앞선다. 아이 의견을 존중해주고 싶지만 아이가 원하는 대로 내버려둔다면 몇 년 뒤에 분명히 후회를 할 것 같다. 어떻게 설득을 해야 아이가 마음을 바꾸고 현실을 받아들일지 고민이 되었다.

아이: 엄마, 유튜브를 보니까 개인 방송을 하면 돈을 많이 번대. 좋은 대학에 가서 직장생활을 하는 것보다 더 나은 것 같아. 나는 말도 잘하니까 구독자도 많을 거야.

엄마: 엄마는 네가 급하게 결정하지 않고 다양한 길을 생각해봤으면 해. 크리에이터가 되더라도 공부를 하면서 지식을 쌓는 게 필요하지 않을까?

아이: 나도 알아볼 만큼은 다 알아봤어. 엄마는 왜 내 말을 못 믿어? 그리고 스마트폰 수거해 갈 때마다 나를 무시하는 것 같아 기분이 나빠. 그런 건 도대체 왜 하는 거야?

유일한 해결책이 시간인 경우

엄마가 아이를 설득하려고 애를 쓸수록 아이는 더 짜증을 내고 엄마를 원망했다. 자기주장이 확실한 아들의 성향을 생각하니 지금 당장 아이의 생각을 바꾸는 것이 어려울 것 같았다.

아이와 자꾸 다투다 보면 편안히 대화하는 것이 어렵고, 아이가 필요할 때 엄마에게 도움을 청하는 일이 줄어든다. 엄마는 그동안 아들이 자신의 경험에 따라 생각을 잘 정리하고 실천해나가는 모습을 보였기에 아들을 믿기로 했다. 아들은 새로운 경험을 하면서 자연스럽게 생각의 그릇이 자라날 것이다.

아이가 엄마에게 화를 내고 반발하는 데는 이유가 있다. 아이는 자신의 경험치가 부족한 반면, 현실에 대한 부정적 정보가 넘쳐나서 혼란스럽기 때문이다.

엄마: 스마트폰을 수거할 때 네가 그렇게 느꼈는지 엄마는 몰랐어. 결국 네가 조절해야 하는 것이니 사용 시간을 정하고 이것을 스스로 지키는 것을 한 달간 해보자. 한 달 뒤에 앱 사용 시간을 확인하고 다시 이야기해보자. 그리고 너는 크리에이터라는 직업이 좋게 느껴졌구나. 네가 본 방송들을 엄마한테도 보여줄래? 엄마도 궁금해.

아이: 내가 꼭 그걸 하겠다는 것은 아니야. 학원에 다녀도 좋은 대학에 간다는 보장이 없으니 다른 길도 생각해본 거지. 밤 9시까지 학원에 다니면서 공부하는 애들을 보면 불쌍해. 어차피 취업도 잘 안 되는데 그럴 필요가 있을까?

흔들리지 않는 엄마의 모습이 아이의 마음에 새겨진다

엄마는 아들이 혼자서 이런저런 고민을 해왔다는 것이 안쓰러우면서도 안심이 되었다. 무조건 엄마의 말을 거부하고 고집을 부리는 것이 아니라 아이 나름대로 미래에 대한 관념이 생기며 걱정과 불안이 생긴 것이었다.

아이의 부정적 반응에 감정적으로 대하지 않고 아이의 속마음을 들여다봐준 엄마의 모습은 아이에게 깊이 각인될 것이다. 그러면 다른 사람들에게 이해받지 못하거나 부당한 일을 겪었을 때 크게 좌절하거나 성급한 결정을 내리지 않게 된다. 그리고 엄마가 나에게 해주었듯이 자신이 겪는 감정들이 어디에서 시작된 것인지 찬찬히 살펴볼 수 있게 된다.

어려운 일이 있을 때
열심히 도와주는 엄마

아이에게 학교라는 사회생활은 워낙 변수가 많아
갈등하고 좌절하는 일들이 생각보다 자주 생긴다.
힘든 시기를 마음의 힘이 커지는 기회로 만들어주자.

초등학교 4학년 경수는 학교에 다녀오면 엄마를 붙잡고 속상했던 일을 이야기한다. 오늘도 같은 반의 도희라는 여자아이와 말다툼을 했다고 한다. 두 달 전 같은 모둠이었던 경수와 도희는 조별 발표를 준비하는 과정에서 의견이 맞지 않아 자주 다투었다.

노래를 결정한 뒤 율동을 만들어서 조별로 발표하는 과제에서 도희가 아이돌 그룹의 노래에 맞춰 춤을 추자고 했다. 도희가 적극적으로 음악 파일을 가져와서 춤을 보여주니 모둠 아이들은 도희의 의견을 따르기로 했다.

아이돌을 좋아하지 않던 경수는 이것이 마음에 안 들었고, 자신이 그 춤을 춰야 한다는 것이 끔찍할 정도로 싫었다. 도희는 투덜 거리면서 연습에 제대로 참여하지 않는 경수에게 화를 내기도 했다. 발표회가 끝나고 점수가 낮게 나오자 도희는 경수 때문이라며 눈을 흘겼다. 경수도 도희가 제멋대로이고 이기적인 것 같아 미운 마음이 생겼다.

어느 날 경수가 자신이 그린 그림을 친구들에게 보여줬는데 옆에 있던 도희가 "별것도 아닌데 잘난 척한다. 너희는 이게 잘 그린 것으로 보이니?"라며 말했다. 경수는 화가 나서 소리를 지르고 욕을 했고, 이 모습을 본 선생님은 경수에게 반성문을 쓰게 했다.

경수는 집에 돌아가는 길에 도희의 실내화를 쓰레기통에 던져 버렸다. 이 일로 인해 선생님은 아이들 앞에서 경수를 크게 혼냈다. 집에 돌아온 경수는 침대에 엎드려 한참을 서럽게 울었다.

엄마: 경수야, 도희의 실내화를 버린 일에 대해 선생님께 이야기를 들었다. 잘못된 행동이야. 다행히 실내화는 찾았지만 이 일에 대해선 네가 꼭 사과해야 해.

아이: 엄마, 나는 도희가 너무 싫어. 내가 말할 때마다 딴지를 걸고 기분 나쁘게 해. 선생님 앞에서는 착한 척하니까 너무 얄미워. 걔가 나를 얼마나 힘들게 하는지 엄마는 모를 거야.

엄마: 네가 화가 많이 났다는 건 알겠어. 하지만 다른 사람의 물건을

함부로 버리는 것은 어떤 이유에서든 잘못된 행동이야. 네가 한 행동을 책임져야 돼. 내일 도희에게 사과 편지를 써서 주렴.

아이가 어려움을 겪고 있을 때가 도울 기회다

경수는 도희에게 사과를 한 뒤 표정이 더욱 어두워졌다. 집에서 괜히 짜증을 내고 숙제를 하다가도 한숨을 쉬었다. 경수가 실내화를 버린 것에 대해 이해하기 힘들어하던 엄마는 경수의 어두운 표정을 보자 속상했다.

하지만 엄마는 힘든 고비에 있는 아이에게 다가가서 도와줄 수 있는 것을 찾고 힘을 보태줘야 한다는 생각이 들었다. 자라나는 과정에서 아이가 잘못을 할 때 이것을 통해서 더 많은 것을 배울 수 있다.

엄마: 요즘에 스트레스 받는 일이 많니? 속상한 일이 있으면 엄마한 테 이야기해줄래?

아이: 내가 실내화 버린 이야기를 도희가 주변 아이들에게 자꾸 해서 신경 쓰여. 내가 잘못한 것은 맞는데, 여자아이들 사이에 소문 이 나서 나를 이상한 애로 볼 것 같아. 내가 말을 할 때마다 도

희가 나타나서 시비를 거는데 어떻게 해야 할지 모르겠어.

엄마: 그런 일이 있었구나. 다른 아이들이 너를 안 좋게 볼 수 있다는 생각이 들어서 더 속상했구나. 너는 도희에 대해서 어떻게 생각해?

아이: 걔는 말을 심하게 하고 다른 사람 일에 잘 참견해. 나랑은 정말 안 맞는 것 같아. 내가 받은 스트레스를 그 아이도 겪게 해주고 싶어.

엄마: 되갚아주고 싶을 만큼 네가 힘들었구나. 너도 도희의 말이나 행동이 무척 거슬릴 것 같아. 엄마가 듣기에도 네가 기분이 나빠지고 화가 날 수 있겠어. 그런데 엄마는 네가 도희에 대한 안 좋은 마음을 가지고 지내는 것이 너를 더 힘들게 할 것 같아. 학교생활을 즐겁게 하기 위해 네가 좋아하고 잘 맞는 아이들의 말에 더 집중하는 게 좋지 않을까?

아이: 그 아이가 먼저 기분을 나쁘게 하니까 나도 뭐라고 하게 돼. 같은 교실에 있으니 안 볼 수도 없고.

엄마: 시비를 걸더라도 네가 반응할 만한 것일까? 반응을 해주면 그 아이가 한 말이 맞는 것처럼 보이거든. 지금은 네가 힘들겠지만 학교에서 아이들에게 친절한 모습을 계속 보여주면 네가 좋은 아이라는 것을 알게 될 거야. 앞으로 네가 어떻게 대처하는 게 좋을지 같이 생각해보자.

진지하게 자신의 친구 관계를 고민하는 엄마의 모습을 보면서 경수는 자기 편에서 돕는 사람이 있다는 생각에 마음이 든든해졌다. 실내화를 숨긴 일로 엄마가 자신에게 실망했을 것이라고 생각한 적도 있었다. 그러나 엄마가 친구관계에서 곤란한 마음을 먼저 물어봐줘서 기뻤다.

엄마에게 이해받고 있다는 느낌이 들자 경수는 지금 상황을 헤쳐나갈 힘을 얻은 듯했다. 친구들의 의견을 잘 들어주고 친절한 모습을 계속 보이면 실내화 사건으로 나를 안 좋게 보는 여자아이들의 생각도 달라질 것 같았다.

아이가 커 나가면서
엄마 역할 줄이기

아이에게 적극적인 개입을 해야 하는 시기가 지나면
엄마가 도와주던 부분을 차츰 줄여나가야 한다.
엄마가 그렇게 해야 아이가 자신의 삶을 찾아 떠난다.

'○○엄마들의 모임' '교육정보 커뮤니티' 등의 포털 사이트 카페에서는 아이들 교육을 비롯해 다양한 정보가 넘쳐난다. 전국의 많은 엄마들이 비슷한 고민과 노력을 하고 있다는 것이다.

오프라인 공간에서도 마찬가지이다. 엄마들이 모여서 이야기하는 곳마다 다양한 정보가 오고간다. 학원 정보, 학교 교사에 대한 평가, 아이들의 교우관계, 진로 고민, 아이들을 위한 영양관리 등의 이야기가 이어진다.

아이를 공통분모로 만난 관계이긴 하지만 이 또한 인간관계에 해당되고, 대화의 주제는 다양하지만 엄마 자신의 이야기가 아닌 아이들에 대한 내용이다. 아이를 키우는 엄마로서 느끼는 고민, 동질감을 비롯해 대체적으로는 '어떻게 하면 내 아이를 잘 지켜낼 수 있을까' 하는 절박한 심정으로 서로에게서 정보를 탐색하는 것이 주가 된다.

엄마 삶의 중심이 아이가 되어선 안 된다

"저는 이제껏 ○○만을 생각하면서 살아왔어요."
"제가 힘든 것은 참을 수 있어요."
"제가 이렇게 하는 게 ○○에게 도움이 되는 일일까요?"
"제가 잘못한 부분이 있으면 이야기해주세요."

고등학교 1학년이 된 아들을 키우는 엄마가 걱정과 염려를 한가득 안고 아이와 함께 상담을 왔다. 엄마의 고민은 이렇다.

"초등학교 저학년 때는 직접 아이에게 받아쓰기와 구구단을 가르쳤고, 고학년이 된 후에는 부지런히 정보를 찾아내 아이의 학원 스케줄을 짜왔어요. 몸에 좋다는 유기농 식품만 먹이고, 행여나 아이가 또래보다 키가 덜 클까봐 성장 클리닉에도 데려갔어요."

아이를 키우기 시작하면서 엄마 삶의 중심에는 늘 아이가 있었다. 엄마의 노력 덕분에 아이는 시행착오를 덜 거치고 중학교 시절 내내 늘 우수한 평가를 받았다. 만나는 주변 사람이 내 아이를 칭찬할 때마다 엄마는 큰 기쁨과 살아가는 보람을 느꼈다. 그런데 어느 순간부터 아이가 자신을 부담스러워한다는 느낌을 받았다.

"고등학생이 된 후로는 평일에 야간 자율학습을 끝내고 집에 오면 바로 자야 하고, 주말에도 학원 가느라 저와 얼굴을 마주할 시간이 없어요. 유일하게 주말에 같이 식사하는 동안에도 아이가 스마트폰만 보고 있고 방에 들어가서 나오질 않아요. 기분이 우울한 건 아닌지 걱정이 돼요."

아이의 말수가 줄었고, 엄마에게 무언가 말하려다 그만두면 엄마의 걱정은 점점 더 커졌다. 자신의 눈치를 보는 것 같아 아이에게 계속 신경 쓰게 되었고, 결국 엄마는 아이의 속마음이 알고 싶어졌고, 아이의 심리 상태에 문제가 있는 것은 아닌지 걱정이 되었다.

아이가 삶의 가장 큰 목적이자 이유였던 엄마는 아이와 거리감을 느끼면서 내면의 균형이 깨지고 혼란스러워졌다. 아이에게 몰두하느라 소원해졌던 배우자와의 사이를 들여다보니 더욱 외로움을 느꼈다. 곧 대학 입시를 앞둔 중요한 시점에 행여나 아이에게 해줘야 할 일을 놓치는 것은 아닌가 싶어 마음이 더 조급해졌다.

엄마가 아이에게 바라는 것과 아이가 이루려는 것이 같음에도 엄마와 아이는 마음 편하게 대화를 하기가 어려웠다. 그동안 분명히 엄마의 넘치는 열정과 관심을 받아온 만큼 더 소통이 원활해야 할 텐데, 왜 아이는 엄마와 대화를 하지 않는 걸까? 부모와 사회가 원하는 방향으로 성장했는데 스스로 만족해야 하는 것은 아닐까? 엄마는 왜 허무함을 느낄까?

엄마 역할을 줄여야 아이와의 관계가 건강해진다

소아기, 청소년기의 중요한 발달 과제를 엄마의 도움으로 해결해오던 아이는 고등학교에 진학한 이후 엄마의 도움을 받기 힘든 상황이 되면서 오히려 혼란스러워진다. 학업을 비롯해 진로, 미래에 대한 두려움 등 도움보다 자신의 생각과 판단이 필요해지는 상황이 아이는 벅차다. 게다가 자신을 걱정하는 엄마를 보면 엄마와 대화하는 것을 주저하게 된다.

엄마도 힘들기는 마찬가지다. 아이가 힘겨운 마음을 내비치면 자신이 해결해줘야 할 것 같아 마음만 답답해진다.

"엄마한테 이야기하면 너무 걱정할 것 같고, 서로 부담스러워요."

"어차피 답은 정해져 있으니 서로 이야기 안 하는 게 나아요."

엄마가 아이의 삶에 애정으로 관여하며 아이 스스로 관리할 수 있는 능력을 키워내는 것은 초등학교 기간 안에 끝내는 것이 이상적이다. 아이가 커나가면서 엄마가 해줄 수 있는 영역의 한계를 깨닫고, 한 발짝 물러서주는 것이 오히려 아이에게 도움이 된다.

아이에게는 자신의 삶을 고민하고 판단하는 시간이 필요하다. 또 아이의 내적 성장을 위한 초석은 엄마도 자신의 삶을 관찰하고 성찰하는 것이다. 아이를 키우게 되면서 내면의 중심에 아이만을 두는 것이 아니라 엄마 스스로 추구하는 삶에 대한 그림을 그리고, 그것을 이루는 방법을 차근차근 찾아나가야 한다.

아이의 눈에 자신의 성공 여부가 엄마의 삶에 절대적인 영향을 주지 않는다는 것을 확인시켜줘야 한다. 아이는 엄마의 주체적인 삶을 보며 자기 삶에서 현실과 타협하는 것을 배워나간다.

나무가 촘촘히 서로 가까이 얽혀 있으면 마찰에 의해 오히려 불이 난다. 엄마와 아이는 한 숲에 있는 각자의 나무와 같다. 불안정한 사회에서 아이에 대해 느긋한 마음을 갖는 일이 쉽지는 않지만, 아이가 홀가분하게 자신에게 몰두할 수 있도록 엄마는 아이와 적절한 간격을 유지해야 한다.

　나무들의 간격이 산불 예방에 도움을 주듯 엄마가 삶의 주체를 자신으로 삼는 것이 엄마와 아이의 관계를 지키는 길이다. 엄마는 아이가 부모로부터 독립하고 난 이후의 삶을 미리 계획하고 준비해야 한다.

아이가 겪는 어려움 중 엄마가 해결해줄 수 없는 것이 많다. 또한 아이의 생

각과 감정은 엄마와 다르기에 서로 충분히 대화를 해야 같이 해결책을 찾아

갈 수 있다. 감정을 인식하고 표현하는 것이 미숙한 아이와 소통하기 위해서

는 엄마가 먼저 자신의 감정을 헤아리고 조절해야 한다. 소변 실수나 손톱을

물어뜯는 버릇을 가진 아이를 대할 때 엄마는 조급하게 버릇을 고치려 하기

보다는 아이를 이해하기 위해 더 많은 대화를 해야 한다. 화를 많이 내거나

고집을 부리고, 쓸데없는 걱정을 하는 아이는 자신의 마음을 표현하는 방법

을 잘 모르는 것이다. "참아" "무시해"라고 말하기보다 아이가 왜 그런 감정

을 갖게 되었는지 대화를 통해 알아내자.

5장

적당히 부족한 엄마는
아이와 이렇게 소통한다

친구관계가 힘든
아이와의 대화

엄마가 직접 해결해줄 수 없는 것이 아이의 친구 관계다.
엄마와 아이의 생각이 서로 다를 수 있음을 인정하고
아이의 입장에서 생각해보는 것이 필요하다.

"이런 상태로는 학교를 도저히 못 다녀요. 친구들 앞에서 말 한마디 해놓고 실수한 게 있나 눈치를 봐요. 저도 노력할 만큼 했어요. 그냥 자퇴하고 마음 편하게 공부할래요."

중학교 2학년 도희는 2학기가 시작되자 얼굴빛이 어두워지고, 집으로 돌아오면 가족들과 대화도 하지 않고 자기 방에서만 지내게 되었다. 도희는 "학교 가기 싫어"라는 말을 몇 번 했지만 엄마는 '해야 할 것이 많아져 힘든가보다'라고만 생각했다.

그러던 어느 날, 도희는 엄마에게 학교를 자퇴하겠다고 선언했다. 초등학교 때부터 늘 모범적으로 생활해오던 도희였기에 엄마는 매우 놀랐다. 엄마가 이유를 물어보니 친구들과 사이가 안 좋아졌고 회복이 어렵다고 했다. 이를 학교 선생님에게 알리니 학교 선생님도 영문을 모르셨다.

아빠는 도희에게 공부를 안 해도 되고 친구가 없어도 되지만 학교는 무조건 가야 한다고 다그쳤다. 엄마는 도희를 달래보기도 하고 기분전환을 위해 함께 시간을 보내기도 했다.

그럼에도 계속 자퇴를 하겠다고 고집하자 화가 났다. 부모가 도희에게 화를 낸 날에 도희는 방에서 손톱으로 자신의 피부를 긁어 피를 내기도 했다. 이런 상태가 지속되자 엄마는 막막한 심정으로 상담을 받으러 오게 되었다.

엄마: 학교 폭력이 있었던 것도 아닌데, 자퇴를 하는 것은 안 돼. 이런 것도 못 견디면 나중에 사회생활 하기 힘들어. 선생님도 별 문제 없다고 하시는데, 네가 너무 예민한 거 아니니?

아이: 나는 아이들과 잘 지내기 위해 최선을 다했어. 아무리 생각해도 자퇴하는 것밖에는 방법이 없어.

내성적이고 규범적인 성향의 도희는 중학교에 입학하면서 같은 반 여자아이들과 원만하게 지내려고 노력했다. 웬만한 것은 친구들에게 양보하고 지내서 '착하고 공부 잘하는 아이'라는 평을 들었다.

중학교 2학년이 된 이후 수행평가와 시험을 준비하느라 시간이 없어도 5명으로 구성된 또래 그룹을 유지하기 위해 애썼다. 저녁 9시 즈음에는 단체 채팅방에 들어가서 친구들 이야기에 맞장구를 쳐주고, 친구들이 좋아하는 아이돌에 대한 정보를 얻기 위해 매주 가요 프로그램도 시청했다. 시험이 끝나는 날에는 피곤해도 아이들이 원하면 노래방에 함께 가주고 친구들에게 떡볶이를 사주기도 했다.

도희는 또래 그룹 아이들 중 현영이와 마음이 잘 맞아 친해져 진짜 친구라 믿었다. 그래서 평상시에 이기적으로 행동하는 그룹 내 윤지에 대해 "윤지는 너무 재수없어. 윤지 때문에 피곤해"라고 말하는 일이 있었다. 진짜 친구라 생각해 비밀을 지켜줄 것이라고 믿었지만 그 이야기는 아이들 사이에 금세 퍼지게 되었다.

도희가 친구들에게 다가가면 분위기가 서늘해지고 윤지는 교실에서 "착한 척하는 인간이 뒤통수를 치더라. 너희도 조심해"라는 말을 했다. 도희는 현영이에게 메시지를 보내도 답이 없자 '친구들은 믿을 게 못되는구나. 잘해줘도 아무 소용이 없어'라고 생각하게 되었다. 단체 채팅 방에서 도희를 겨냥하는 말들이 쏟아지고 채팅 방에서 나오려고 해도 아이들이 다시 초대를 해 그 말들을 계속 들어야 했다.

　도희는 또래 그룹에서 빠져나왔을 때의 상황을 생각해보았다. 혼자 밥을 먹어야 하고 수행평가를 같이 할 아이가 없어져, 따돌림을 당하는 아이로 비춰지는 것은 죽기보다 싫었다. 아무리 생각해도 자퇴밖에는 해결책이 없는데, 엄마가 이를 알아주지 않으니 너무 속상했다.

아이와 엄마는 입장이 다를 수 있다

　　　도희는 자신이 느끼는 감정과 두려움에 대해 받아들이기 어려웠다. 친구에게 늘 좋은 평가를 받으려고 애쓰다 보니 자신의 감정을 관찰하고 이를 표현하는 것이 서툴렀다. 또래 집단으로부터 배척을 받으며 느끼는 고통을 피하기 위해 자퇴를 하려는 것이었다. 불편한 감정이 들 때는 이를 자신과 주변을 돌아보는 계기로 삼아 잘 다루어 견뎌내는 것이 필요하다.

　이 과정을 돕기 위해서는 부모와의 소통이 중요하다. 하지만 엄마도 도희가 자퇴라는 말을 꺼냈을 때의 감정을 아직 추스르지 못한 상태였다.

　엄마는 아이에 대한 실망감, 분노 그리고 주변 시선에 대한 두려움을 느끼고 있었다. 엄마가 자신의 감정을 인정하고 다룰 줄 알아야 아이와 원만히 대화할 수 있다. 문제를 해결하기 위해서는 도희와 부모님 모두 중용의 자세를 가져야 한다.

도희는 자퇴를 고집하지만 부모는 자퇴를 반대하고 있는데, 이때 서로의 입장이 다를 수 있음을 인정해야 한다. 도희가 어려움을 헤쳐나가는 방법은 한 가지만 있는 것이 아니다. 엄마가 아이에게 이렇게 말해주는 것이 도움이 된다.

"네가 학교를 그만두고 싶을 정도로 힘들었구나. 어떤 일이 있었는지 엄마는 듣고 싶어. 엄마가 도와줄 수 있는 일이 있을까?"

"학교에서 견디기 힘들면 조퇴를 하고 오는 것은 어떨까? 생각이 정리될 때까지 현장학습 신청을 하고 쉬는 방법도 있어."

"자퇴를 하게 되면 고등학교에 가서 한 살 어린 아이들과 학교를 다니게 돼. 이 경우 네 기분이 어떨지도 예측해보자."

엄마가 도희의 입장에서 이해하려 노력하자 대화가 조금 더 수월해졌고, 도희는 조퇴를 하더라도 학교를 유지하면서 대안을 생각해보기로 했다.

도희는 심리상담을 하며 자신의 감정을 인식하고 조절하는 방법을 배웠고 엄마는 아이에게 상처를 주지 않는 대화 방법을 공부

했다. 도희는 자신의 감정을 관찰하며 친구들의 괴롭힘에 대한 두려움을 피하기 위해 자퇴를 하려는 것이 충동적 결정이라는 것을 알았다. 도희가 험담을 한 일이 있더라도 그룹 아이들이 도희를 따돌리는 것은 잘못된 일이기에 자신을 괴롭히지 못하도록 경고하기로 했다. 친구들과 일대일로 만나 의견을 들어보고 도희가 원하는 것을 간결하게 말하는 것을 시도했다.

도희는 상황에 대해 이해하게 되자 마음의 여유를 가지고 앞으로의 일을 고민했다. 엄마는 도희의 생각과 대처 방식을 일방적으로 판단하지 않고 도희가 이 일을 통해 자신에게 필요한 것을 배워가도록 도왔다.

청소년기의 자녀가 친구관계로 힘들어할 때 엄마가 이를 직접 해결해줄 수는 없다. 하지만 아이의 마음을 이해하고 진심어린 대화를 통해 아이가 대인관계를 배워가는 과정에 힘을 실어줄 수는 있다.

몸에 상처를 내는
아이와의 대화

청소년기 아이가 극단적인 표현을 했을 때
엄마가 자신의 감정을 먼저 다스리는 것이 필요하다.
그런 엄마의 모습은 아이에게 안정감을 준다.

고등학교 2학년 정인이 엄마는 어느 날 담임선생님으로부터 전화를 받았다. 선생님은 정인이 팔목에 자해한 것으로 보이는 상처가 있으니 살펴봐달라고 하시며 병원 치료를 권하셨다. 엄마는 너무 놀라 가슴이 뛰고 눈앞이 캄캄해졌다.

선생님은 통화가 끝날 무렵 "요즘 학생들 사이에서 자해가 유행처럼 번지는 것 같습니다. 학교에서는 하지 못하도록 교육하겠습니다"라고 말했다.

엄마는 전화를 끊고 나서 정인이가 집에 올 시간이 되자 아이를 어떻게 맞아야 할지 몰라 안절부절못했다. 학교에서 돌아온 정인이가 아무렇지 않은 척 인사하고 방으로 들어가자 엄마는 따라 들어가 물었다.

> 엄마: 어떻게 자해를 또 할 수가 있니? 담임선생님이 전화하셨다. 힘들면 이야기하라고 했잖아. 엄마는 네가 이제는 괜찮아진 줄 알았어. 도대체 이유가 뭐야?
>
> 아이: 나도 힘들어. 학교에서도 내가 무슨 큰 죄라도 지은 것처럼 대했어. 그러니까 뭐라고 하지 마! 내가 왜 그랬는진 나도 모르겠다고!
>
> 엄마: 말을 해야 엄마가 어떻게 해주지. 왜 엄마한테 성질을 내니? 뭘 잘했다고.

정인이와 엄마는 서로에게 화를 내며 다투었고 아빠가 이를 중지시켰다. 다음날 둘은 병원을 찾았다. 정인이는 3개월 전부터 우울감과, 자해 때문에 나에게 진료를 받기 시작했던 터였다.

"아이가 우울하다는 진단을 받은 뒤 저는 노력을 많이 했어요. 정인이가 더 이상 스트레스 안 받게 대학은 안 가도 된다고도 말하고 매일 안아주며 격려했어요. 집에서는 괜찮아 보여서 마음을 놓았는데 어제 담임선생님께 전화를 받고 충격이었어요. 그동안 상담하고 치료한 게 아무 소용이 없는 걸까요? 우리가 아이를 도와줄 수 있을까요?"

내 몸처럼 아끼는 자녀가 자해를 했을 때 엄마는 참담한 심정이 된다. 엄마에게는 아이가 자해를 한 것에 대한 실망감, 아이를 충분히 도와주지 못한 것 같아 느끼는 미안함, 부모의 마음을 몰라주는 것 같은 서운함 등 여러 감정들이 휘몰아쳤다. 엄마뿐만 아니라 진료실에서 본 정인이도 마음이 괴롭기는 마찬가지였다.

"부모님한테 너무 죄송해요. 저 때문에 부모님이 힘들어지는 것 같아서 내 자신이 너무 싫어요. 이제 학교 선생님도 저를 안 좋게 보실 것 같아요."

"무언가 하려고 해도 실천하지 못하고, 불안해하고 나약한 제 자신이 싫어요. 참아내야 하는데 마음이 무거워지기 시작하면 아무런 생각이 안 들어요. 몸에 상처를 내는 것은 잘못된 일인데, 결국 하고 있는 내 자신을 보면 그냥 사라지고 싶어요."

정인이와 엄마는 서로를 걱정하고 위하고 있음에도 감정을 나누는 것이 어려웠다. 우선 정인이와 엄마는 감정이 고조된 상태였기에 한 발짝씩 물러나 서로를 바라보는 일이 필요했다. 감정이 고조된 상황에서는 서로에게 상처 주는 말만 하기 쉽기 때문이다.

엄마는 정인이가 완벽을 추구하는 성향 때문에 힘든 것은 이해하지만 부모가 공부를 강요하는 것도 아닌데 우울감을 이겨내지 못하는 것 같아 답답했다.

정인이는 엄마가 자신을 위해서 애쓰는 것이 고마우면서도 자신이 어느 정도 성과를 내야만 할 것아 부담스러웠다. 시험 성적이 떨어지자 자신이 무능력한 것 같아 괴롭고 수치스러워 엄마에게 감정을 이야기하기 힘들었다.

아이의 고통을 엄마가 직접 해결해줄 수는 없다

정인이와 엄마가 서로에게 편안하지 못한 것은 현재 상황에 대한 충분한 인정validation*이 어렵기 때문이다. 정인이가 감당하기 힘들 정도의 감정적 고통을 느끼고 있지만 그때마다 엄마가 직접 해결해줄 수는 없다. 하지만 정인이 입장에서 공감해주고 기다려주는 것은 충분히 가능하다. 이처럼 서로에 대한 인정이 필요하다.

---

* 『청소년을 위한 DBT 다이어렉티컬 행동치료』(Jill H. Rathus, Alec L. Miller, 조용범 옮김)

정서적으로 민감한 청소년들이 당장은 자신의 감정을 차분히 들여다보기 어렵다. 엄마는 아이를 돕기 위해 아이를 비난하지 않고 안정감을 주는 대화를 시도해야 한다.

정인이는 모범적이고 남을 배려할 줄 아는 착한 아이다. 어른들의 말씀을 어겨본 적도 없고 친구들과 다퉈본 적도 없다. 하지만 정인이 스스로는 늘 자신을 비판하고, 실수를 질책하며 감정적인 동요가 생기면 쉽게 무기력해지는 상황이었다. 이럴 때는 엄마가 조심스럽게 다가가서 신호를 보내달라고 미리 말하는 것이 좋다.

"엄마는 네가 너를 아프게 하는 것이 속상해. 자해를 하고 싶은 충동이 들 때 누군가에게 이야기해주었으면 좋겠어. 혼자서 감당하기 어려우니 엄마에게 신호를 보내줘."

그러면 아이는 다음과 같은 신호를 보내기 마련이다.

"나는 늘 주변 사람들 눈치를 봐. 내 감정을 표현하는 게 너무 어려워."

"중학교까지는 성적이 괜찮았는데 고등학교에 올라가니 점수가 떨어져. 앞으로 스트레스를 더 받을 텐데 나는 견디지 못할 것 같아. 다른 애들은 아무렇지 않은데 나만 나약한 것 같아."

"이제 곧 중간고사인데 노력은 하지 않고 불안해하기만 하는 내가 너무 싫어. 그런 생각이 들 때 자해를 하게 돼."

정인이는 자신의 감정을 적극적으로 표현하지 못하고 생각이 지나치게 많아 내적으로 고통스러웠다. 아직은 감정을 다루는 법을 잘 몰라 혼란스러워하고 있지만 주변에서 도와준다면 정인이는 힘든 감정을 견뎌내는 방법을 알아나갈 것이다.

이 과정을 돕기 위해 엄마가 먼저 다가가는 것이 좋다. 갈등이 생길 것을 염려해 중요한 문제에 대해 이야기를 나누지 않으면 감정 표현도 못하고 사이만 멀어지게 된다. 정인이는 현재 자신의 감정을 혼란스러워하고 스스로 감당하지 못하기 때문에 엄마가 차분한 태도로 대화를 시작해 감정을 안전하게 다룰 수 있다는 믿음을 주어야 한다.

이러한 과정이 엄마에게는 불안을 견디고 자신의 감정을 추스르는 힘든 일이다. 급하게 해결할 수 있는 것은 아니지만 아이를 지켜줄 수 있는 유일한 방법이다.

비록 주변에서는 자해를 아이 의지의 문제로 보거나 한때 지나가는 현상으로 치부한다 할지라도 정인이가 엄마와의 관계에서 자신의 문제가 진심으로 다루어지는 것을 경험하면 자해 행동이 줄어들 수 있다.

쉽게 포기하는
아이와의 대화

아이들은 반복되는 경쟁에서 자신의 능력을 의심한다.
엄마가 구체적인 방향을 제시할 수 없더라도
아이의 상황에 대해 이해하려 노력하고 함께 고민하자.

중학교 2학년 수인이는 요즘 모든 일이 다 지루하다. 학교에서 아이들이 내 말을 진지하게 들어주지 않는 것 같아서 더 이상 친해지는 것을 포기했다.

"야! 너는 존재감이 없어!"라는 친구의 말을 듣고 화가 났지만 같이 안 놀면 그만이라고 여겼다. 수업시간에 선생님은 공부를 잘하는 아이들만 잘 봐주시는 것 같아서 수업도 듣기 싫었다. 수행평가는 어찌나 많은지, 왜 필요한지 이해가 되지 않아 수행평가를 준비하지 않기로 했다.

수인이는 집에서 부모님과 저녁을 먹을 때면 성적이나 진로 문제가 나올까봐 웬만하면 길게 이야기를 하지 않는다.

엄마는 수인이가 어렸을 때와 달리 말수가 적어지고 표정이 어두워 '집에 오면 잘해줘야지!'라고 생각한다. 하지만 수인이가 집에 와서 스마트폰만 들여다보고 게임에 쓸 현금이 필요하다고 하자 엄마는 슬슬 화가 났다.

> 엄마: 내가 부족하게 해 준 것이 있니? 공부 안 하고 빈둥대는 것을 기다려줬는데. 너 지금 엄마한테 반항하는 거야? 학교생활을 이렇게 불성실하게 하면 나중에 뭐가 될래?
>
> 아이: 안 그래도 학교 가기 싫어. 가서 시간만 때우다 오는 거야. 우리나라 교육은 다 입시 위주야. 학교에서 배우는 게 없어. 지금껏 주변에서 하라는 대로 했는데 잘된 게 없잖아. 공부를 잘해도 나중에 힘들게 사는 사람들을 보면 공부할 필요가 없는 것 같아.
>
> 엄마: 아니, 그래도 학교 졸업은 해야지. 사람들이 뭐라고 생각하겠어? 네가 원하는 게 뭐니? 도대체 이러는 이유가 뭐야?
>
> 아이: 이미 공부 잘하는 아이는 정해져 있으니 이번 생은 글렀어.

수인이는 주변 상황을 받아들이고 수용적으로 인식하는 것이 어려운 아이였다. 자신이 속한 환경에서 부정적인 부분을 더 크게 보고 성급히 결론을 내리며 다양한 방식으로 생각하지 못했다. 수인이는 주변 사람들이 다 내편이 아닌 것 같고 자신을 안 좋은 의도를 가지고 대하는 것 같았다.

수인이의 나이에는 자신이 무엇을 원하고 어떠한 사람인지를 알아가는 '자주적 정체성Emancipated Identity'을 획득해야 한다. 하지만 수인이는 자신이 느끼는 감정이 무엇인지 모르겠고, 주변의 반응을 어떻게 받아들여야 할지 몰라 자꾸 눈치를 보았다.

학교를 다니고 미래를 걱정하다 보면 마음이 불안해지는데 어차피 주변의 기대에 맞추기는 힘들었다. 내가 느끼는 감정이 옳은 것인지, 주변으로부터 이해받을 수 있을지 불안했다.

아이: 엄마, 내가 노력한다고 달라질 것 같지가 않아.

엄마: 넌 왜 그렇게 안 좋은 쪽으로만 생각해? 의지를 가지고 노력을 해야지. 아무것도 안 하면서 말만 그럴 듯하게 하네.

아이의 입장에서 생각해보기

엄마와 이야기를 나눈 뒤 수인이는 더 답답해졌다. 그동안 수인이는 노력을 조금 했다가 안 되면 쉽게 포기하고, 화나는 감정을 참다가 괜히 심술을 부리기도 했다. 이를 지켜보는 엄마는 수인이와 대화하는 것이 어려웠다.

　엄마에게는 수인이가 처한 상황과 수인이의 감정을 알아보는 것이 필요했다. 입시 위주의 교육환경과 빠르게 변화하는 사회에서 수인이는 불안하고 막막한 심정이었다. 이러한 상황에서 수인이가 할 수 있는 것을 찾아내고 시도하는 일을 수인이 혼자 하기에는 벅차다. 엄마가 아이에게 공부 방법, 진로 계획을 직접 알려주기 힘든 것이 현실이다.

　　엄마: 학교에서는 시험과 성적 위주로 이야기하고, 네가 설 곳이 없다고 느꼈겠구나. 네 입장에서는 막막할 것 같아.
　　아이: 선행학습을 많이 한 아이들이 있어서 공부를 해도 등수가 오르는 것은 힘들어 보여. 무엇을 목표로 살아야 할지 모르겠어.
　　엄마: 앞으로 미래가 어떻게 변할지 모르는데 막연히 시키는 대로만 하는 것이 불안할 것 같다. 엄마도 앞으로의 일이 예측이 안 돼. 네가 갈 길을 알려줄 수 없어 엄마도 사실 불안해. 남들이 시키는 대로 살 필요는 없지만, 자신의 삶은 스스로 만들어나가자. 네가 좋아하고 할 수 있는 것을 찾아보자.

　수인이는 엄마가 자기 감정을 솔직히 표현하고, 자신의 입장에서 이해해주려는 모습을 보고 위안이 되었다. 엄마 역시 불확실한 앞날에 대해 불안해하는 것을 보며 자신의 감정이 잘못된 것이 아님을 확인받았다.

아이에게 물고기를 잡아주는 것보다 스스로 잡는 법을 알려줘야 한다. 부모가 아이에게 당장 무엇을 해야 하는지, 어떤 방향으로 가야 하는지 해결책을 제시할 수는 없다. 청소년기 아이의 상황을 객관적으로 인식하고, 아이의 감정을 인정해주고 현실을 헤쳐나가도록 도와주는 것이 엄마가 할 수 있는 일이다.

잘 안 고쳐지는 버릇을 가진
아이와의 대화

아이가 좋지 않은 버릇을 보이면 조급해하지 말자.
아이는 쉽게 고쳐지지 않는 자신의 버릇에 대해
엄마로부터 비난받지 않고 이해받을 때 힘을 얻는다.

아이를 가까이서 자세히 관찰하는 엄마는 아이의 버릇을 먼저 알아차린다. 눈에 보일 때마다 버릇을 지적하고 못하게 한다. 엄마가 여러 차례 말하거나 혼을 내서 아이의 버릇이 사라지는 경우도 있다. 하지만 엄마의 노력에도 버릇이 지속되는 경우 아이는 엄마의 눈치를 보고 엄마는 아이를 답답하게 여긴다.

"몇 년 동안 아이 버릇을 고치려 했는데, 달라지지가 않아요."
"아이가 마음만 먹으면 고칠 수 있을 텐데, 이해가 안 돼요."

엄마는 아이의 버릇이 건강에 해가 되거나 다른 사람에게 안 좋게 보일까봐 걱정을 한다. 버릇에만 몰두하면 엄마는 아이보다 아이의 버릇에 민감하게 반응하게 된다. 아이의 버릇을 지적하느라 아이에게 생긴 일, 아이의 기분을 알아채지 못하기도 한다. 노력해도 잘 안 고쳐지는 아이는 엄마 앞에서 점점 움츠러든다.

아이의 좋지 않은 버릇을 고치는 것은 필요하다. 하지만 당장 고쳐지지 않는 것에 크게 실망하거나 아이를 비난하게 되면 아이는 자신을 부정적으로 인식한다. 다음은 잘 고쳐지지 않는 버릇을 가진 아이와 엄마의 모습이다.

소변 실수를 하는 아이

3세가 되면서 기저귀를 뗀 민이는 물을 많이 마시고 잠자리에 들어도 밤에 실수한 적이 없었다. 그런데 민이가 학교에 입학한 뒤 속옷에 소변을 묻히기 시작했다. 학교에서 돌아온 민이에게서 심한 소변 냄새가 나곤 했다.

엄마: 오늘도 실수했어? 엄마가 3교시 끝나면 화장실에 가라고 했잖아. 얼른 씻고 옷 갈아입자. 이렇게 다니면 너도 찝찝하잖아. 이

런 냄새가 나면 아이들이 너 싫어해.

아이: 놀다가 쉬가 마려워서 화장실로 뛰어갔어. 가다가 쉬가 나와버
렸어. 앞으로는 잘 참을게.

민이는 고개를 숙이고 울먹였다. 이후 민이는 일주일에 세 번
이상 속옷에 소변 실수를 했다. 엄마는 여름에 날씨가 더워지면
민이에게서 냄새가 나서 아이들에게 따돌림을 당할까 걱정이 되
었다.

아침마다 민이와 약속을 하고 갈아입을 속옷을 가방에 넣어주
었지만 민이의 버릇은 계속되었다. 민이는 냄새나는 속옷을 침대
밑에 숨겨 놓을 정도로 이런 상황을 부끄러워했다.

엄마: 실수를 했다고 엄마가 화를 내서 미안해. 혹시 학교에서 화장실
을 쓰는 것이 불편하니?

아이: 학교 화장실에는 아이들이 길게 줄을 서 있어. 수업 시작종이
칠 것 같아서 그냥 돌아오기도 해. 그리고 화장실이 너무 더러
워서 안 가고 싶어.

엄마: 그런 어려운 점이 있었구나. 그런데 소변을 너무 참으면 병이
생길 수 있어서 엄마는 걱정이 돼. 점심을 먹은 후에는 꼭 화장실
에 가자.

민이는 10분 남짓의 쉬는 시간 동안 화장실을 다녀오는 것이 어려웠다. 친구들이 놀자고 말하면 거절하지 못하고 화장실에 가는 것을 미루었다.

민이가 소변 실수를 한 상황에 대해 이해하게 된 엄마는 아이를 다그치지 않고 실수를 줄일 수 있는 방법을 더 생각해보았다. 버릇을 줄이는 방법은 한 가지만 있는 것이 아니어서 효과가 있을 때까지 여러 가지를 시도해보기로 했다.

손톱을 물어뜯는 아이

어린 시절부터 손을 입에 물고 지내다시피 한 동이는 초등학교 2학년이 되어도 손톱을 입으로 뜯는 버릇을 고치지 못했다. 공개수업을 간 엄마는 수업시간 내내 손톱을 뜯느라 칠판을 계속 보지 못하는 동이를 보고 속상했다. 수업에 제대로 참여하지 못하고 주눅들어 보이는 모습에 화가 났다.

엄마: 너, 평소에도 수업시간에 손톱을 물어뜯니? 발표를 하거나 긴장되는 일도 없는데 손톱을 왜 뜯는 거니? 엄마는 너무 답답해.
아이: 그냥 나도 모르게 그렇게 돼.

엄마: 이제는 엄마가 가만히 있으면 안 되겠어. 다음주 일요일까지 손
톱이 깎을 수 있는 정도로 자라지 않으면 TV, 게임 다 금지야.

동이는 굳게 다짐을 하고 손톱을 뜯지 않으려 애를 썼다. 하지
만 어느샌가 손이 입 근처로 가고 엄마는 큰 소리로 혼을 냈다. 동
이는 엄마가 자꾸 화를 내자 울음을 터트렸다. 손톱 끝이 부어오
르고 피가 나서 버릇을 고치고 싶지만 그럴 자신이 없고, 이제 영
영 TV, 게임을 보지 못할 것 같았다.

엄마는 서럽게 우는 동이를 보면서, 몇 년 동안 노력했지만 고
쳐지지 않았던 버릇이 이런다고 사라질 것 같지는 않았다. 엄마의
다그침이 동이에게 상처만 준 것 같았다.

엄마: "엄마는 손톱 모양이 미워지고 네가 아파하는 것이 싫어. 동이
손톱이 예쁘게 자라서 엄마가 손톱깎이로 다듬어주고 싶어."
아이: "손톱을 뜯었던 자리가 거칠어져 옷에 자꾸 걸려. 그러면 또 입
으로 물어뜯게 돼. 손가락이 아프니까? 자꾸 그쪽으로만 눈
이 가."
엄마: "손톱이 덜 아프게 약을 발라보자. 거칠어진 부분은 잘 다듬어
줄게. 너도 모르게 손톱을 계속 뜯고 있을 때는 엄마가 네 이름
을 두 번 부를게. 그러면 멈추는 걸로 하자."

동이는 엄마와 함께 노력하면 잘해낼 수 있을 것 같았다. 엄마가 나에게 화가 나서 나를 미워하면 어떻게 하나 걱정했는데 안심이 되었다.

버릇을 쉽게 고치지 못했던 마음을 엄마에게 이해받자 동이는 힘이 났고, 손톱 뜯는 버릇을 줄이기 위해 힘을 더 내보기로 했다. 엄마가 도와줄 것이라고 믿기에 동이도 언젠가는 버릇을 고칠 수 있을 것이라는 확신이 들었다.

화를 많이 내는
아이와의 대화

아이는 자신이 왜 화가 나는지 모르고 표현도 서툴다.
엄마가 자신의 감정을 이해해주고
어떤 감정인지를 알아주면 참는 것이 쉬워진다.

아홉 살 광호는 학교에서 모둠 수업 중에 소리를 지르면서 화를
자주 낸다. 같은 모둠 중 한 명이 규칙을 지키지 않고 장난을 칠
때마다 광호는 "아. 정말!"이라며 소리친다. 집에 돌아온 광호는
씩씩거리며 엄마에게 말했다.

> 아이: 준비물을 나눠서 가지고 오기로 했는데, 걔가 안 가지고 왔어.
>   매번 약속을 어겨. 선생님이 정해준 과제를 우리 모둠만 못하게
>   됐다고. 그 아이가 장난을 쳐서 하지 말라고 했는데, 계속 그러
>   니까 진짜 화가 났어.

엄마: 그게 그렇게 화가 나는 일이야? 네가 좀 참지 그랬어.

아이: 선생님한테 말해도 달라지는 게 없는데, 나보고 어떻게 하라고.

엄마: 너는 화를 정말 못 참는구나. 지금도 엄마한테 계속 성질을 부리고 있잖아.

화가 나 있는 광호에게 엄마도 결국 화를 내버렸다. 광호는 자신이 왜 기분이 나빠졌고 화가 났는지 알기 위해서는 어른과 차분하게 이야기를 해봐야 한다. 평소 광호가 사소한 일로 지나치게 화를 낸다고 생각한 엄마는 이번 일에 대해 일단 광호를 탓했다.

아홉 살 아이는 자신의 경험을 누군가와 대화를 통해 나누고 정리하면서 자신의 감정을 알아간다. 친구의 실수로 학교 과제를 하지 못한 것이 속상했던 광호는 자신의 감정이 무엇인지 잘 몰라 친구에게 화를 냈다.

아이는 자신의 감정을 알아야 적절히 표현할 수 있다. 애정을 가지고 아이를 관찰하는 엄마는 광호가 자신의 감정을 알아가도록 도울 수 있다. 엄마가 감정에 사로잡혀 말하다 보니 광호를 비난하기만 하고 아이의 마음에 대해 물어보지 못했다.

감정의 정체를 알아야 조절할 수 있다

　　　　속상한 마음을 엄마에게 이해받고 싶었던 광호는 엄마와 이야기를 나눈 뒤 더 속상해졌다. 이런 모습을 본 엄마는 광호의 이야기를 충분히 듣지 않은 것을 후회했다. 상황을 자세히 알지 못하면서 광호가 지나치게 화를 냈다고 미리 단정지었다.

　아이가 부정적 감정을 표현할 때 엄마가 "그렇게 느낄 필요는 없어. 그런 건 네가 참아"라고 부정하면 아이는 감정을 어떻게 처리해야 할지 혼란스러워진다. 엄마가 성급히 판단하지 않고 아이의 감정을 살펴봐주면 아이는 화가 나거나 속상한 감정이 들 때 이를 적절하게 표현할 수 있다.

엄마: 선생님이 내준 과제를 못하게 돼서 광호가 마음이 안 좋았나보구나.

아이: 내가 기다려왔던 만들기 과제였는데, 그 아이 때문에 망쳤어. 그 아이는 미안하지도 않은지 계속 장난을 치니까 화가 났어. 걔가 너무 미웠어.

엄마: 모둠 과제를 잘 해내고 싶은 마음이 컸구나. 속상한데 그 친구가 장난을 치니까 더 화가 났구나. 네가 얼마나 잘하고 싶어 했는지 다른 사람은 모를 수도 있어.

아이: 다른 애들도 나한테만 뭐라고 해. 억울해.

엄마: 네 입장에서 그럴 수 있어. 앞으로는 화가 났을 때 마음을 진정시키고 차분히 말해보자. 지금 엄마한테 이야기하는 것처럼 말이야.

광호가 고개를 끄덕이자 엄마는 아이에게 도움을 준 것 같아 기뻤다. 광호는 엄마와 이야기를 하면서 속상하거나 화가 날 때 어떻게 해야 할지를 배웠다. 친구들에게 엄마와의 대화에서 한 것처럼 마음을 표현하기 위해서는 연습이 필요하다. 엄마로부터 자기 감정을 이해하고 감정에 대해 배운 광호는 앞으로 화가 나더라도 흥분하지 않고 말할 수 있을 것 같았다. 그리고 혼자 힘으로 해결할 수 없을 때는 엄마와 이야기를 해야겠다고 생각했다.

고집이 센
아이와의 대화

고집을 부리는 아이를 따끔하게 혼내거나
아이의 기를 꺾기 위해 다그치는 것은 효과적이지 않다.
엄마가 이것을 이해해야 아이를 도울 수 있다.

"아이가 고집을 너무 부려요. 고집을 꺾으려면 부모가 어떻게 해야 될까요?"

"누구를 닮아서 저렇게 고집이 센지 모르겠어요. 고집을 부릴 때는 다른 사람의 말을 전혀 안 들어요."

상담실에서 아이가 '고집불통'이라며 걱정하는 엄마들이 많다. 고집이라는 것은 자신의 생각을 바꾸지 않으려고 버티는 것을 말한다. 아이의 고집이 잘못된 것이고, 고쳐야 한다고 생각하는 것은 부모와 어른들의 판단이다.

아이는 자신의 경험을 바탕으로 주변 사람들에게서 배운 것을 통해 상황을 판단한다. 처음 겪는 일이나 모르는 것에 대해서는 경계하거나 거부하는 모습을 보일 수 있다.

고집을 부리는 아이들에게는 다양한 속사정이 존재한다. 이것을 알아야 고집을 피우는 아이를 이해할 수 있고, 필요한 경우 아이가 생각을 변화시키도록 도울 수 있다.

엄마를 믿지 못하는 아이는 고집을 피운다

초등학교 3학년 소연이 엄마는 주변 사람들에게 소연이의 칭찬을 들을 때마다 마음이 답답하다. 어른들에게 인사를 잘하고 성실해 모범생으로 불리는 소연이가 엄마에게는 고집불통이기 때문이다.

엄마는 소연이에게 지금 다니는 영어학원은 어린아이들이 주로 가는 곳이니 다른 학원으로 옮기자고 말해보았다. 그러자 소연이는 절대로 학원을 옮기지 않겠다며 화를 냈다.

아이: 나는 지금 학원이 좋아. 선생님도 친절하시고 아이들도 재미있어. 엄마가 다니라고 해서 다녔는데 왜 옮기라고 해?

엄마: 3학년이 되면 학원을 옮기는 경우가 많아. 다른 학원에 대해 들어보지도 않고 무조건 싫다고 하니? 너는 엄마가 말하면 무조건 싫다고 하더라.

아이: 1학년 때 피아노 학원을 잠시 쉬라고 한 다음에 엄마가 다시 못 가게 했잖아. 나는 피아노를 다시 배울 줄 알았어. 엄마는 조금이라도 공부를 더 시키려고 그러는 거지?

소연이는 미술학원, 무용학원, 피아노 학원을 그만두던 때를 떠올렸다. 소연이가 배울수록 잘하는 것이 많아져 즐거워하던 때 엄마가 충분히 설명도 하지 않고 학원을 끊었다. 엄마는 학교 공부를 잘하면 다시 배울 수 있는 것처럼 두루뭉술하게 말했다.

소연이는 해야 할 공부가 늘어나면서 미술과 피아노를 다시 하기 힘들다는 것을 알아차리고 엄마에게 배신감을 느꼈다. 그래서 엄마가 무언가를 제안하면 내가 좋아하는 것을 못하게 되거나 처음 이야기와 다른 상황이 생길까봐 의심이 들었다.

엄마는 소연이에게 상황에 대해 자세히 설명한 후 과정에 대해서도 예측할 수 있게 이해시켜야 한다. 소연이는 자신이 하는 일에 대해 이유와 목적을 알면 스스로 계획을 세우고 실천하는 아이였다.

"엄마는 네가 피아노, 미술, 발레를 계속 하고 싶어 하는 줄 몰랐어. 불만 없이 영어학원과 수학학원을 다닌다고 생각했구나. 주변 아이들도 예체능 학원을 그만두고 공부하는 학원을 다니니까 너도 당연하게 받아들일 거라고 여겼어. 네 마음을 충분히 생각하지 못해서 미안해."

"엄마는 소연이가 주어진 일을 열심히 하는 편이어서 늘 고마운 마음이었어. 앞으로 스케줄을 결정할 때는 엄마가 네 이야기를 들으려고 노력할게. 엄마가 알고 있는 것을 자세히 설명해줄게."

엄마는 소연이와 영어학원을 다니며 얻고 싶은 성과에 대해 이야기를 나누었다. 소연이는 영어가 재미있고 고학년이 되었을 때 영어책을 쉽게 읽고 싶어 했다. 엄마는 소연이의 바람이 이루어질 수 있는 학원에 대한 정보를 공유했다. 엄마는 소연이와 앞으로 많은 이야기를 나누면서 무엇을 할지 정하기로 했다.

주도적인 아이는 고집이 세 보인다

수안이는 무엇이든지 스스로 해내려고 한다. 밥을 먹기 시작하면서 엄마가 떠먹여주려고 하면 고개를 획 돌리며 거부했다. 숟가락을 엉성하게 잡고 밥을 흘리면서도 자기 손으로 입에 넣으려고 했고, 얼마 지나지 않아 숟가락을 잘 사용하게 되었다. 종이를 붙여서 자동차를 만들다가 뜻대로 안 되면 한참을 울었고, 포기하지 않고 끝내 만들어냈다.

딱히 가르쳐주지 않았는데도 입이 트이고 말을 잘해서 엄마는 수안이를 키우기 쉬운 아이라고 생각했다. 그런데 수안이가 네 살이 되어 밖에 나가서 하고 싶은 것이 많아지자 엄마와 실랑이를 하는 일이 잦아졌다.

매일 오후 수안이는 놀이터에 나가서 한참 동안 미끄럼틀을 타면서 놀고 나야 기분이 좋아져 집으로 돌아왔다. 외출을 하기 위해 옷과 신발을 착용할 때 엄마의 도움을 받지 않고 혼자 하려다 보니 시간이 많이 걸렸다. 엄마는 수안이를 되도록 기다려주는 편이지만 날이 어두워지고 남편이 퇴근할 시간이 되면 마음이 급해졌다.

엄마: 엄마가 해주면 금방 하잖아. 왜 말을 안 듣니? 빨리 다녀와서 저녁 준비를 해야 된단 말이야. 너 이렇게 하면 앞으로 놀이터에 못 간다.

아이: 놀이터에 갈 거야. 나 혼자 갈 거야. 엄마 미워.

수안이가 큰 소리로 울기 시작하자 엄마는 힘이 빠졌다. 비가 와서 놀이터에 나갈 수 없는 날에도 몇 시간 동안 울고 떼를 쓰기도 했다. 수안이가 아직 어려서 상황을 이해할 수 없는 것은 알지만 원하는 것을 다 들어줄 수도 없으니 엄마는 어떻게 해야 할지 몰라 답답했다.

남편에게 수안이를 너무 허용적으로 키워서 버릇이 나빠진 것 같다고 하소연했다. 남편은 아이가 말을 안 들으면 체벌을 해보자고 했지만, 엄마는 수안이에게 맞지 않는 방법인 것 같았다.

엄마: 수안이는 오후에 놀이터에 가는 것을 좋아하는구나. 놀이터에 있는 것 중에 무엇이 가장 좋아?

아이: 미끄럼틀 밑에 내가 주은 돌이랑 나뭇잎을 모아놨어. 그게 잘 있는지 보러 가는 거야.

엄마: 수안이가 모아놓은 보물이 있었구나. 그래서 매일 보러 가고 싶은 거구나. 그런데 날이 깜깜해지거나 비가 많이 오면 놀이터에 나갈 수 없게 돼. 그럴 땐 어떻게 할까?

아이: 안 돼. 내가 돌을 모아서 집을 지으려고 했단 말이야. 꼭 나가야 돼. 예쁜 돌이거든. 누가 가지고 가면 어떻게 해?

엄마: 그러면 예쁘고 소중한 돌은 집에 가지고 와서 안전하게 두자. 집을 짓고 싶을 때 가지고 나가서 쓰면 되겠다. 놀이터에 나가

지 못하는 날에도 집에서 그 돌로 무언가 만들어보자.

아이: 예쁜 돌이랑 집에 있는 블록을 가지고 성을 만들면 되겠다.

수안이는 엄마가 새로운 놀이 방법을 알려줘서 기분이 좋아졌
다. 미끄럼틀 밑의 작은 공간은 수안이가 상상으로 무엇이든 할
수 있는 장소였다.

수안이는 엄마와 이야기를 하면서 미끄럼틀 밑이 아니더라도
수안이가 상상하는 대로 놀 수 있다는 것을 깨달았다. 엄마는 수
안이가 자기 생각이 뚜렷하고, 생각한 것은 반드시 해보려고 하는
성향의 아이라는 것을 이해하면서, 아이와 대화하는 방법이 쉬워
졌다.

걱정이 많은
아이와의 대화

불안도가 높은 아이는 해야 할 일로 걱정이 많다.
잘하기 위해 지나치게 걱정하는 아이의 마음을
엄마가 이해해주면 아이는 큰 힘을 얻는다.

엄마는 아이가 자신감을 갖고 지내길 바란다. 그래서 아이가 앞으로의 일에 대해 걱정하고 불안해하면 부모는 실망하기도 한다. 타고난 기질에 따라서 새로운 일을 겁없이 시도해보는 아이가 있고 충분한 고민 끝에 조심스럽게 시작하는 아이도 있다. 해야 할 일에 대해 충분히 알고 머릿속으로 상상하는 일이 필요한 아이는 걱정이 많은 것처럼 보인다.

아이가 걱정을 하는 것은 잘하고 싶은 마음 때문이다. 걱정하는 마음을 이해받지 못하면 아이는 자신이 잘하려고 애를 쓰는 것을 주변에서 몰라주는 것 같아 속상해진다.

초등학교 3학년 성연이는 자신이 한 일에 대해 엄마, 아빠에게 반드시 확인을 받는다. 가족끼리 밥을 먹을 때에도 이제 그만 먹어도 되는지 물어본다. 학교에 제출할 일기를 쓸 때 써놓고 맘에 안 들면 여러 번 고쳐서 쓴다.

엄마는 성연이가 또래보다 과제를 잘하면서도 자신 없어 하고 엄마나 아빠에게 꼭 확인받으려고 하는 모습이 안타까웠다. 성연이가 걱정을 많이 하는 것이 부모가 칭찬을 덜 해줘서인지, 학교에서 상처받는 일이 있어 자존감이 낮아진 것인지 궁금했다.

학교에서 시행하는 영어 말하기 대회에 나가게 된 성연이는 집에서 열심히 연습을 했다. 엄마에게 자신이 잘못한 부분이 있으면 말해달라고 부탁했다.

엄마: 성연아, 아까 한 것처럼 발표하면 상을 탈 수 있을 것 같아. 정말 잘하네.

아이: 정말 그래요? 우리 반에는 영어를 잘하는 아이가 많아요. 엄마는 그걸 모르니까 나한테 칭찬해주는 거예요. 대회에서 실수를 하면 창피할 것 같아 걱정이 돼요.

엄마: 대회에 나가서 잘하지 못해도 괜찮아. 실수를 해서 아이들이 비웃으면 무시하면 되잖아.

아이: 그럴 거면 안 나가는 게 나아요. 실수하면 아이들이 계속 놀린

단 말이에요.

엄마: 엄마가 잘해야 된다고 한 적도 없잖아. 그런데 너는 왜 그렇게 걱정을 하니? 작은 대회에서도 이렇게 불안해하면 나중에 큰 대회에 못 나가.

그러자 성연이는 연습을 그만두고 방으로 들어가서 한참 동안 울었다. 성연이는 영어 말하기 대회에서 실수하지 않고 잘하기 위해서 노력하는 자신에게 엄마가 핀잔을 준다고 생각했다.

마음이 불편할 때 드는 자신의 솔직한 감정을 말했는데, 엄마는 그런 생각을 하는 내가 잘못했다고 말하는 것 같았다.

엄마도 나를 이해해주지 못한다면 잘하려고 애쓰는 것이 아무런 소용이 없다는 생각이 들었다. 엄마도 성연이를 도와주기 위해 함께 연습을 했는데 결국 아이에게 상처를 준 것 같아 많이 속상했다.

성연이가 다른 사람의 반응에 신경 쓰지 않고 즐겁게 연습했으면 하는 바람으로 한 말인데, 엄마의 마음이 잘 전달되지 않았다.

아이는 불안을 줄여보려고 걱정을 한다

　　　　성연이는 새로운 일을 시도할 때 긴장을 많이 하고, 생각했던 것과 다른 결과가 나오면 쉽게 불안해지는 성격이었다. 불안하면 원래 잘할 수 있는 것도 실수를 해서 실망하거나 좌절하는 일이 있었다.

　성연이는 실수를 줄이기 위해 할 일을 미리 생각하고 그것이 잘못되었을 경우를 상상해보는 편이다. 미리 걱정을 해두면 실수를 했을 때 어떻게 반응할지에 대해서도 준비를 할 수 있으니 성연이는 불안이 줄어드는 것 같았다. 성연이는 긴장하거나 마음이 조마조마해질 때 그것을 견뎌내는 것을 알아가는 중이었다.

　불안감을 표현하고 그에 대해 대처하는 방법을 알아가는 일에는 어른의 도움이 필요하다. 엄마는 성연이가 걱정하는 이유를 이해하기 위해 다시 차분히 대화를 시도했다.

엄마: 엄마는 네가 걱정을 덜 하라고 이야기한 거였는데, 오히려 너를 더 속상하게 했구나.

아이: 발표할 때마다 긴장되고 떨려요. 다른 아이들은 큰 목소리로 발표를 잘하는데 내가 소심한 게 싫어요. 지난번 발표시간에 단어를 잘못 말해서 애들이 다 웃었어요. 내 얼굴이 빨개졌는데,

너무 부끄러웠어요. 다시는 그러고 싶지 않아요.

엄마: 아이들 앞에서 실수를 하는 것이 싫었구나. 실수를 했을 때 네가 창피했던 일을 엄마가 몰랐네. 성연이는 발표를 잘하려고 애를 썼구나.

아이: 애들이 놀릴까봐 걱정이 돼요. 아이들 반응을 무시하는 게 힘들어요. 연습을 많이 하면 실수를 줄일 수 있잖아요.

엄마: 걱정하는 것은 네가 잘하려고 노력하기 때문이야. 불안한 마음을 견뎌내는 것은 연습을 하면 조금씩 더 잘 할 수 있어. 걱정되는 일이 있으면 언제든지 엄마에게 이야기해줘.

엄마가 아이의 좋은 의도를 알아봐주고 인정해주면 아이는 실패하거나 좌절해도 다시 일어날 수 있다. 성연이는 혼자서 생각했던 고민을 엄마에게 털어놓고 나니 마음이 후련해졌고 자신의 노력을 엄마가 응원해줘서 기뻤다.

성연이는 잘하려고 애쓰는 과정에서 불안한 감정을 느끼는 것이 당연하다는 이야기를 듣고 안심이 되었다. 연습을 하면 불안이나 걱정을 이겨내기 쉽다는 엄마의 말이 위로가 되었다.

세상에 완벽한 엄마는 없다. 아이가 어려움을 겪을 때 엄마의 부족함 때문이라고 자책하지 말고 아이 앞에서 부족한 자신의 모습에 당당해지자. 아이를 위해 한 결정이 잘못된 것이라면 이를 알아차리고 바로잡아 나가면 된다. 아이가 자랄수록 엄마가 해줄 수 없는 것이 생기고 부족한 엄마가 된다. 엄마가 부족함을 인정하면 아이는 스스로 더 생각하고 움직여서 자신의 힘으로 성장할 수 있다. 아이가 자신의 부족한 점으로 힘들어할 때 엄마가 직접 해결해주려 하기보다는 함께 견뎌내주는 것이 좋다.

6장

엄마의 부족함이
아이의 성장을 자극한다

엄마의 부족함이
아이에게 주는 영향

아이 앞에서 엄마의 부족한 모습을 부끄러워하지 말자.
엄마가 부족한 자신의 모습에 당당해지면
어리기에 부족한 아이 또한 자신감을 가진다.

세상에 부족함이 1%도 없는 엄마가 존재할까? 전문가들은 엄마
가 자신의 양육에 대해서 자신감을 가져야 된다고 말한다. 이 정
도면 충분히 잘하고 있다고 여기며 아이 앞에서 당당할 것을 권
한다.

상담을 하러 오는 엄마들은 자신이 부족하다고 여겨 도움을 받
으러 오는 경우가 많고, 이에 대해 다양한 고민을 호소한다.

"저와 남편은 퇴근하면 8시가 넘어요. 아이 얼굴 볼 시간이 많
지 않아요. 일요일이라도 놀아줘야 하는데, 제가 너무 피곤해서 그

러질 못해요. 다른 엄마들은 아이에게 다양한 경험을 시켜줄 텐데 제가 부족한 엄마인 것 같아요."

"아이가 자꾸 나가자고 하는데, 아이가 원하는 만큼을 못 해줘요. 저는 집에서 조용히 시간 보내는 것을 좋아하거든요. 활발한 아이에게 제가 안 좋은 엄마일까요?"

"잘해주다가도 욱해서 화를 내고 뒤늦게 후회를 해요. 제가 다혈질이라 다른 엄마보다 화내는 모습을 많이 보여줘요. 화를 내고 미안하다고 사과하면 괜찮은 건가요?"

"상담하기 전에는 아이가 그렇게 느끼는 줄 몰랐어요. 제가 너무 둔감한 걸까요? 아이가 불안해할 때 몰랐다는 게 부끄러워요."

"삼남매를 키우다 보니 아이랑 일대일로 이야기하기는 힘들어요. 집안일하고 식사를 챙기고 나면 아이들을 재워요. 아이 마음까지 들여다보지 못해요."

"회사에 휴가를 내기가 힘들어서 학부모 상담에 가본 적이 없어요. 다른 엄마들은 만나서 정보도 나누고 한다는데, 저는 좋은 엄마가 되기는 힘들 것 같아요."

"다른 아이들은 영어, 수학, 과학, 논술학원에 다닌다고 들었어요. 저희 가족 수입으로는 학원은 하나만 보낼 수 있어요. 이런 형편 때문에 우리 아이가 다른 아이들보다 뒤처질까봐 걱정돼요."

"결혼 초부터 남편과 사이가 안 좋았어요. 아이 때문에 잘 지내려고 노력하지만 화목한 분위기가 아니니까 아이한테 해가 될 것 같아요."

"아이가 힘들다고 하면 제가 달래줘야 하는데, 나도 모르게 불안해져요. 아이가 나처럼 소심한 성격을 가질까봐 걱정돼요. 대범한 엄마가 되고 싶은데, 그게 잘 안 돼요."

"친정 아빠가 아프셔서 병간호를 하고 있어요. 아이랑 놀아주고 시간을 더 많이 보내줘야 하는데, 그러지 못해서 속상해요."

"저는 아이에게 좋은 것을 해주고 싶어서 주변 엄마들 말대로 하는데, 이게 정말 아이를 위한 것인지는 모르겠어요. 제가 주관이 뚜렷하지 못해 다른 사람 말에 자꾸 마음이 흔들려요."

상담을 하면서 만나는 사람 중 자신이 부족함 없는 엄마라고 자부하는 경우는 드물다. 부족한 엄마이기 때문에 아이에게 안 좋은 영향을 미칠까봐 걱정하고 자책하기도 한다.

많은 엄마들이 자신의 부족함을 이야기하고 아이가 어려움을 겪을 때마다 엄마의 부족함이 영향을 미친 것은 아닌지 염려한다.

부족함이 유익할 수 있다

세상에 완벽한 사람은 드물다. 엄마가 되었다고 해서 완벽한 사람으로 변하는 것도 아니다.

엄마 또한 부족함이 있는 환경에서 자라왔다. 아이에게 좋은 모습을 보여주고자 하는 마음이 커질수록 엄마로서 자신의 부족한 모습이 자꾸 눈에 보인다. 부족한 모습을 들여다보기 전에 엄마 자신이 과거에 부족했던 환경으로부터 어떤 영향을 받았는지 기억해보자.

넉넉하지 않은 친정에서 자라며 미래를 준비하는 과정을 치열하게 해왔던 엄마에게는 친정의 어려운 형편이 오히려 자극제가 되었다. 친정 엄마가 걸핏하면 욱해서 화를 내는 모습에 힘들었던 경우 그 모습을 닮지 않기 위해 자신의 감정을 잘 들여다보고 적당한 수준에서 표현하는 것을 연습해온 엄마도 있다. 형제가 많은 집에서 자란 엄마는 자신이 필요로 하는 것을 얻어내고 다른 사람과 타협하는 것을 빨리 배웠다.

물론 부족한 환경이 부정적인 영향을 주는 경우도 있다. 하지만 부족함이 미친 영향 중 긍정적인 것이 있다면 이를 잘 활용하자. 엄마로서 부족함이 느껴져 무력해질 때 다시 노력할 수 있는 힘이 된다.

아이에게는 부족함을 채우는 능력이 있다

엄마로서의 부족함은 엄마 탓이 아니다. 엄마가 자신의 부족함을 아이에게 미안해하고 자신 없어 한다면 완벽한 존재가 아닌 아이도 자존감이 낮아진다. 부족한 점에 대해서 엄마가 인정하고 받아들이는 모습을 보이면 아이는 자신의 부족한 점을 수치스럽게 생각하지 않는다.

아이는 연령이 높아질수록 발달하는 존재이기 때문에 자신의 부족한 점과 환경의 부족한 점을 유익한 방향으로 바꾸는 방법을 배운다. 어른들에 비해 아이는 환경에 적응하는 능력이 뛰어나며 사고도 유연하다. 아이는 부족함을 채울 방법을 엄마와 함께 찾아낸다.

엄마: 엄마가 회사에 다녀서 네 친구를 집에 초대하지도 못하는구나. 엄마가 쉬는 날을 미리 알려줄 테니까 그때 친구들과 만나서 놀래? 네가 수행평가를 하는 걸 도와주지도 못했네.

아이: 친구들이 학원 때문에 바빠서 만나서 노는 게 쉽지 않아. 친구들은 집에서 공부하라는 소리를 많이 들어 스트레스를 받는다고 해. 나는 엄마가 간섭하지 않아서 오히려 좋아.

실수했다가
개선하는 엄마

주변의 방법대로 따라하는 것이 내 아이에게
안 맞을 수 있다. 잘못된 부분을 알게 된다면
아이와 대화하면서 변화를 주면 된다.

연이 씨는 아홉 살 딸을 키운다. 아이가 유치원을 다닐 때 친해진 엄마들로부터 정보를 얻어 딸의 하교 후 학원 스케줄을 짰다. 작은 체구에 학교 가방과 학원 가방을 짊어진 딸을 보며 '이렇게 하는 것이 맞나' 혼란스러웠다. 딸에게 힘들 때 말하라고 했지만 아이는 다른 친구들도 다니니 괜찮다고 한다.

주변 엄마들에게 딸이 영어학원과 수학학원을 다니는데, 체력적으로 너무 힘들 것 같다고 이야기했다. 그러자 엄마들은 지금 학원을 다니지 않으면 고학년이 되어서 아이가 힘들어진다며 연이 씨가 마음이 약하다고 핀잔을 준다.

영어 단어를 매일 20개씩 외워야 하는 것이 과한 것 같아 학원 선생님에게 숙제를 줄여달라고 하니, 그렇게 하면 학원 수업을 못 쫓아와서 안 된다는 답이 돌아왔다.

연이 씨는 어느 날 딸의 손톱이 전부 너무 짧아져 있는 것을 보았다. 딸의 손톱을 마지막으로 깎아준 것이 몇 개월 전이었다. 자세히 관찰해보니 딸은 숙제를 하거나 책을 볼 때 손톱을 이빨로 물어뜯고 있었다. 재미있는 TV 프로그램을 보거나 편하게 놀 때에는 괜찮은데, 무언가 집중하거나 긴장을 하면 이 같은 행동이 나타났다. 뜯겨진 손톱 사이에 피가 나고 딱지가 진 곳도 있었다.

엄마: 손톱이 다 뜯겨져서 아플 것 같아. 학교에서도 손톱을 뜯니?

아이: 잘 모르겠어. 나도 안 하려고 하는 데 잘 안 돼.

엄마: 엄마는 네가 마음이 힘든 것 같아 걱정이 돼. 네가 걱정하거나 두려워하는 게 뭔지 엄마도 알 수 있을까?

아이: 영어학원에서 테스트를 보고 80점이 안 넘으면 남아서 다시 시험을 봐. 친구들은 집에 가는데 내가 남게 되면 많이 부끄러워. 나는 영어를 잘 못하나봐. 1학년 때부터 다녔는데 왜 자꾸 틀릴까? 3학년이 되면 숙제가 더 많아지는데. 그런 걸 생각하면 걱정이 돼.

엄마는 실수를 알아차리고 이를 바로잡는다

연이 씨는 딸을 위한 것이 무엇인지 다시 생각해보았다. 학원 선생님이나 주변 엄마들의 의견대로 영어 어휘, 문법, 말하기를 집중적으로 연습해서 고학년 때는 수학 공부에 매진할 수 있도록 하는 것도 학습을 위해서는 좋은 방법일 수 있다.

하지만 다른 아이들에게 잘 맞는 방법이 내 아이에게는 안 맞을 수 있다는 생각이 들었다. 형제를 키울 때도 아이마다 다른 방법을 적용시켜야 한다. 다수가 따르는 방법을 내 아이에게 그대로 적용시키는 것은 무리가 있다.

사교육을 하는 이유는 아이가 자신이 원하는 삶을 찾아나가는 것을 도와주기 위해서이다. 그런데 사교육 시스템에서는 아이의 특성에 따라 개별화된 커리큘럼이나 아이의 의견을 수용하는 통로가 있는 경우가 드물다.

연이 씨는 딸을 유명한 학원에 보내는 것으로 엄마의 역할을 잘하고 있다고 생각한 것이 부끄러웠다. 학원 선생님이 알고 있는 시험 결과와 수업 태도만으로 아이의 공부 방법을 알거나 진로를 결정할 수는 없다. 아이의 기질을 알고 앞으로의 일을 예측할 수 있는 부모가 아이와 함께 의논하며 길을 찾아가야 한다.

아이는 자신을 사랑하는 엄마가 제안한 방법을 대체로 따른다.

연이 씨의 딸은 엄마가 자신을 위해서 학원을 보내는 것이라고 생각해 참고 견뎠다. 하지만 2학년이 버티기에는 학원에서 소비하는 시간이 너무 길고 주어진 과제도 버거웠다.

초등학교 2학년 아이에게 가장 중요한 것은 학교 구성원으로서 해야 할 일을 배우고 친구들과 감정을 나누는 것이다. 학교에서 돌아와 그날 하루 동안 경험한 것과 감정을 정리하는 일이 필요하다. 아홉 살 아이가 처리할 수 있는 생각과 감정은 제한되어 있는데, 학교 수업이 끝나고 장소를 옮겨가며 어른들이 요구하는 대로 지식과 정보를 습득하는 것은 버거운 일이다.

엄마가 정해준 스케줄을 해내며 힘든데도 겨우 버텨내는 과정을 겪다 보면 아이는 자신의 능력이 부족하다고 여길 수 있다. 쉬는 시간 없이 빠듯한 학원 스케줄을 어려움 없이 소화하는 아이도 있지만 내 자녀가 할 수 있는 일인지는 냉철하게 생각해봐야 한다.

엄마: 영어학원에서 매번 테스트를 해서 결과에 따라 남아야 하는 일이 힘들었구나. 그럴 때 영어를 못하는 게 아닌가 걱정이 되었니? 그렇게 말해주니 엄마가 네 마음을 알 수 있을 것 같아.
아이: 테스트를 볼 때마다 떨려. 내 점수를 보고 애들이 웃을 것 같아. 틀린 것이 많은 날은 선생님이 화가 난 표정이야.

엄마: 지금 학원에서 보는 테스트 결과는 수업 내용을 잘 이해했는지
    확인하는 거야. 다 외우지 못하는 건 당연해. 시간에 맞춰 학원
    을 가고 숙제도 챙겨서 가는 네가 얼마나 대견한데. 틀린 문제
    가 있다고 영어를 못하는 것은 아니야.

연이 씨는 딸의 성향과 현재 적응 정도를 고려해 딸에게 도움이
되는 것이 무엇인지 판단해야 한다. 소극적이고 순종적인 아이는
불편함이나 어려운 점을 적극적으로 표현하지 않기에 아이의 반
응을 잘 살피고 감정에 관심을 갖자.

아이에게 잘 맞는 학습 방법이 무엇인지 찾아내기 위해 다양한
방법을 시도해보는 것도 좋다. 길고 끝이 없는 배움의 길을 걷는
아이가 어린 시절부터 끊임없는 평가를 받고 자기 능력을 의심하
는 것은 아이에게 독이 된다.

연이 씨는 주변 엄마들의 말을 비판 없이 받아들이고 이를 아이
에게 그대로 적용시키던 것을 멈추었다. 사교육은 엄마가 시키는
것이 아니라 아이가 하는 것이기에 다른 사람의 말에 따르기보다
엄마와 아이가 대화를 통해 결정해나가기로 했다.

부족한 엄마에게서
배우는 아이

아이가 자랄수록 엄마가 해줄 수 없는 것들이 생기고
그러다 보면 어느새 부족한 엄마가 되고 만다.
이런 상황이 아이 스스로 문제를 해결해낼 기회가 된다.

주니는 일곱 살 때부터 발레를 배웠다. 핑크색 예쁜 옷을 입고 거울을 보며 동작을 하는 것이 즐거워서 발레리나가 되기로 결심했다. 발레 선생님은 주니가 성실하고 끈기가 있으며 무용에 소질이 있다며 발레를 전공하는 것을 부모에게 권했다. 엄마는 주니가 발레를 매우 좋아하고 주변에서 재능이 있다고 하니 이를 놓치면 안 되겠다 싶었다.

초등학교 3학년부터 학원에서 발레 전공 과정을 하게 된 주니는 학교와 학원을 오고가며 바쁘게 지냈다. 콩쿠르나 대회를 준비하는 기간에는 늦은 저녁과 주말에도 학원에서 연습을 했다. 또래 아이들이 놀이터에 모여서 놀면서 시간을 보내고 먹고 싶은 것을 원하는 만큼 먹을 때 주니는 학원에서 선배들과 연습을 하고 다이어트 식사를 했다.

주니는 엄마가 자신을 위해서 애쓰는 것을 알고 있기에 힘들다는 생각에 울고 싶어도 표현하지 않고 견뎌냈다. 엄마는 무용에 대한 전문 지식이 있는 학원 선생님들이 정한 대로 따르는 것이 주니를 위한 길이라고 생각했다.

초등학교 6학년이 되자 예술중학교를 가기 위해 주니는 더 많은 시간을 학원에서 보냈다. 집으로 돌아와 피곤해서 쓰러진 주니를 보며 엄마는 마음이 저리고 아팠다. 주니가 좋아하는 일을 직업으로 할 수 있게 해주려는 것인데, 오히려 아이를 힘들게 하는 것 같아 속상했다. 주니와 엄마는 같은 목표를 향해 노력하고 있었지만 그 과정에서 서로 솔직하게 이야기를 나누는 일이 어려웠다.

무용 선생님은 주니가 중학교 2학년이 되자 체중 조절을 위해 저녁부터 자기 전까지 아무것도 먹지 말아야 한다고 말했다. 엄마는 주니의 다이어트를 도와주려고 했다. 주니가 평상시에 몸무게가 조금이라도 늘어날까봐 걱정하는 것을 지켜본 엄마는 옆에서 어떻게 해야 할지 몰라 답답했다.

엄마: 저녁이 되면 배가 많이 고플 텐데, 네가 견뎌낼 수 있을지 걱정이 돼. 음식 냄새가 나면 네가 더 괴로울 테니 엄마랑 아빠는 네가 오기 전에 저녁을 먹을게. 발레를 하는 것이 이렇게 힘든 일인 줄 미리 알았다면 너에게 시키지 않았을 거야. 엄마가 잘못 판단한 게 아닌가 하는 생각이 들어. 엄마가 예술에 대해서 잘 모르고 주변 사람들 말에 휩쓸리는 편이어서 너에게 부족한 엄마인 것 같다.

아이: 발레를 하는 건 엄마가 시켜서 하는 것이 아니라 내가 원해서 하는 거예요. 엄마가 나를 위해서 결정한 거라는 걸 알고 있어요. 먹는 걸 참아가며 연습하는 게 힘들긴 해요. 하지만 내가 조금씩 더 잘하는 것을 느낄 때, 공연을 하고 인정을 받을 때는 정말 기뻐요. 내가 얼마만큼 해낼 수 있을진 모르겠지만 지금은 최선을 다하는 게 맞는 것 같아요.

엄마가 스스로 부족함을 느끼는 것에 대해서 말하자 주니는 그동안 생각해왔던 것을 표현했다. 아이가 꿈을 찾아가는 과정에서 엄마가 해줄 수 있는 것과 해줄 수 없는 것이 정해지니 엄마와의 관계가 오히려 편안해졌다. 예측할 수 없는 미래를 향해 나아가는 주니는 엄마가 자신의 부족함을 인정하는 모습을 보면서 마음의 여유를 가질 수 있었다.

부족한 상황이 아이에게 주는 것

엄마는 발레에 대한 지식과 정보를 바탕으로 주니에게 알맞은 도움을 줘야 하는데, 그러지 못한 자신이 부족한 엄마인 것 같았다. 엄마가 능력이 있거나 더 많은 노력을 하면 아이가 겪는 어려움을 줄여줄 수 있을 것 같았다.

그렇다면 아이가 어려움을 겪을 때 직접 도움을 주는 엄마가 좋은 엄마일까? 엄마가 도움을 줄 수 없는 순간이 언젠가는 다가온다. 지금 아이를 도와주는 것은 스스로 견뎌내는 경험을 잠시 늦추는 것이다. 적절한 시기에 자신의 힘으로 부딪혀보고 성취하는 과정에서 어려운 점을 느끼는 것이 아이에게 필요하다.

엄마: 주니야. 네가 그렇게 말해주니 안심이 된다. 엄마가 너의 깊고 단단한 마음을 모르고 괜한 걱정을 했구나.

아이: 내가 과연 잘할 수 있을까 하는 생각이 들고 불안할 때 엄마가 옆에 있다는 게 힘이 돼요. 재능이 뛰어난 친구들 옆에 있으면 내 자신이 너무 부족해 보여요. 학교 생활과 발레를 함께 하면서 몸과 마음이 힘들기도 해요. 안정적인 직업을 갖지 못할까봐 불안해지기도 하고요.

하지만 나는 발레 연습으로 바쁜 하루를 보내면서 또래 아이들보다 많은 것을 배웠어요. 원하는 일에 집중하는 능력과 버티고 견뎌내는 것은 자신이 있어요.

주니는 자신의 부족함을 알고 이를 채워가고 있는 중이었다. 자신이 원해서 하는 일이기에 창의적인 방식으로 자신의 부족함을 대하고 있었다. 주니는 스스로 견뎌내는 것을 경험하면서 자신의 가능성을 알게 되었다. 다른 사람의 말을 따르는 것이 아니라 스스로 해내는 것을 통해 자신의 힘을 느낀다.

성장하는 아이는 환경이 부족하면 부족한 대로 이를 이해하고 받아들이며, 주어진 것만 가지고도 잘 지낼 수 있다. 엄마의 부족함이 아이를 더욱 생각하고 움직이게 만들어서 자기 힘으로 성장하도록 돕는다. 이렇게 커가는 아이는 부족한 엄마를 충분히 좋은 엄마가 되도록 만들어준다.

부족하면 부족한 대로
지내보기

아이의 어려움을 해결해주지 못하는 엄마의 부족함과
혼자 힘으로 다 해내지 못하는 아이의 부족함은 당연하다.
아이가 엄마와 함께 부족한 부분을 채워나가는 경험을 하자.

상담실을 찾은 엄마가 자신의 부족한 점으로 힘들어할 때 의사가 명쾌한 답을 주기는 힘들다. 대신 부족한 점을 알아내고 이에 대해 걱정하는 것에 대해 칭찬하고 격려해드린다.

자신이 부족한 엄마라는 고민은, 아이에 대한 끊임없는 관찰과 여러 차례의 시행착오 끝에 생긴 걱정이고, 이것은 좋은 엄마가 되기 위해 노력했다는 증거이다.

"아이가 친구 관계로 힘들어하는데 내가 뭐라고 말해야 할지 모르겠어요. 그냥 힘내라고만 했는데, 충분히 도와주지 못한 것 같아 미안해요."

"공부에 대해서 서로 이야기하다 보면 다툼으로 끝나요. 걱정돼서 하는 말인데 아이는 잔소리로 들어요. 아이가 목표를 정하지 못하는 것 같아 답답해요."

"사춘기가 시작된 아이가 너무 예민해요. 사소한 일에도 짜증을 내니 쉽게 말을 걸지 못해요. 아이랑 대화하는 방법을 모르겠어요."

부족함을 견뎌내는 엄마

엄마가 완벽한 방법으로 아이의 발달 단계를 이끌어나갈 수는 없다. 아이의 발달과 성장은 아이의 몫이다. 아이가 자신이 해내야 하는 숙제를 엄마에게 물어봤을 때 엄마가 정답이나 해결책을 바로 제시해주지 않아도 괜찮다.

성장중인 아이가 부족한 것은 당연한 일이고 엄마가 이것을 다 채워주지 못하는 것도 자연스러운 일이다. 엄마가 안전하게 보살피다가 아이가 적응하는 정도를 보면서 조금씩 손을 떼는 과정이 필요하다.

이 과정에서 엄마의 부족함이 아이에게 영향을 미치기도 하지만 이는 부분적인 것이다. 부족함이 있고 없고보다 더 중요한 것은 엄마가 자신의 부족함을 대하는 태도이다.

친구관계 문제로 힘들어하는 아이는 엄마가 안타까운 마음을 표현하면서도 자신에게 도움을 주는 것에는 한계가 있음을 인정하는 모습을 보며 자신의 역할에 대해서 알게 된다.

"친구들과 좋은 관계를 유지하기 위해 노력을 많이 했는데 아이들이 이걸 몰라주니 속상하구나. 너의 상황을 자세히는 모르지만 엄마는 네가 애썼다는 건 알고 있어."
"엄마도 사람 사이의 갈등을 해결하는 일이 어려웠던 적이 있어. 네가 좀더 자세히 이야기해주면 엄마도 같이 고민할게."

학교나 학원에서 공부를 못하면 낙오될 것 같은 두려움을 느끼는 아이는 엄마가 예측이 어려운 현실에서 무엇을 어떻게 도와야 할지 고민하는 모습을 보며 자신의 불안감이 자연스러운 반응이라는 것을 알게 된다.

"선생님과 친구들이 시험 결과를 위주로 말하니까 너도 많이 불안하겠구나. 주변 아이들만큼 하지 않으면 금세 뒤처질 것처럼 느낀다니 엄마가 마음이 아프구나."

"입시제도가 자꾸 변하니 엄마도 모르는 부분이 많아. 원하는 대학을 가기 위해 내신 성적을 관리하느라 주변을 돌아볼 여유가 없으니 너도 답답할 거야. 엄마가 자라오던 때보다 사회가 더 빠르게 변하고 있어서 지금 시험 성적에 따라 네 미래가 정해지는 것은 아니야. 우리 조금 더 다양한 방향으로 생각해보자."

감정이 수시로 변하고 자신이 원하는 것이 무엇인지 혼란스러운 사춘기의 아이는 퉁명스러운 반응을 덤덤하게 받아주고 기다려주는 엄마의 모습이 마음속 버팀목이 된다.

"엄마가 물어봐도 네가 대답을 안 하는 것을 보면 너도 마음이 많이 복잡한 것 같구나. 혹시 말하고 싶어지면 엄마에게 이야기해줘."
"네가 표정이 어두우면 엄마는 도와주고 싶은 마음이 들어. 엄마가 문제를 완전히 해결해줄 수는 없지만 네가 힘들어할 때 네편이 되어주고 싶어."

아이가 겪는 어려움이 무엇인지를 아는 것이 필요하지만 엄마가 이것을 어떻게 받아들이고 다루는지가 더 중요하다. 아이가 자라면서 부족함으로 인해 어려움을 겪는 것은 반복될 수 있다.

아이는 부족한 상황을 엄마에게 알렸을 때 엄마가 그 상황을 인정하고 다양한 방법을 시도하는 모습을 보면서 힘을 얻는다. 아이는 엄마와 함께 부족한 면을 채워나가면서 앞으로 어떻게 살아갈 것인지에 대해 배운다.

부족함을 견뎌내는 아이

꿈꾸던 일이나 환상을 이룰 수 있을 것이라고 믿었던 어린아이는 현실 세계와 마주하며 좌절하고 고민한다. 경쟁을 반복해 경험하면서 자신의 능력과 한계를 알게 된 아이는 꿈을 포기하기도 하고 자신의 목표를 수정하기도 한다.

아이가 실패를 겪지 않게끔 엄마가 계속 도와주다 보면 아이는 자신의 능력에 대해 확인할 기회를 갖지 못한다. 자신에 대해 객관적으로 파악하기 위해 아이 스스로 현실과 부딪히고 한계를 경험해야 한다. 실패나 좌절을 경험하는 과정에서 아이의 내면에 있던 능력이 나타나기도 한다.

아이가 자신의 부족한 점을 느끼고 이를 견뎌내는 과정에서 직접 해결을 위해 도움을 주지 않는 엄마가 좋은 엄마이다. 아이가 어려움을 겪을 때 엄마가 아이를 이해하고 도와주려 노력하지만 자신이 해줄 수 있는 것이 많지 않고 부족하다는 사실을 인정한다면 아이도 자신의 부족함에 대해 두려워하지 않는다. 그리고 다음과 같이 생각하게 된다.

'당장 해결되지 않는 일도 있는 거구나. 내가 이런 모습이어도 엄마는 나를 변함없이 지켜보는구나.'

'어른도 하지 못하는 일이 있는데, 내가 어려워하는 일이 있는 건 당연해. 키가 크는 것처럼 내 생각하는 힘도 자랄 거야.'

아이 입장에서 충분히 좋지 않은 엄마는 존재한다. 어린아이는 엄마의 돌봄을 받으며 외부 세계가 안전하다는 것을 확인하는데, 그렇지 못한 경우 다른 사람으로부터 쉽게 거절당할 것 같은 두려움을 갖는다. 남들이 부러워하는 아이로 키우기 위해 아이의 욕구를 무시하는 엄마, 아이가 도움을 거절하고 독립적인 모습을 보이는 것에 배신감을 느껴 이를 방해하는 엄마, 아이에게 부정적 감정을 쏟아내고 위로받기를 바라는 엄마는 좋지 않은 엄마이다. 엄마에게 받은 좋지 않은 경험은 성장하면서 극복되기도 하지만, 이후 인간관계에 지속적으로 부정적인 영향을 줄 수 있다.

7장

적당히 부족한 엄마와
좋지 않은 엄마는 다르다

아이에게
몰입하기 힘든 엄마

아이는 엄마의 돌봄을 받으며 주변으로부터 보호받는다.
의지하는 엄마에게 안전하다는 확인을 받지 못하면
그때부터 아이는 외부 세계를 위험하게 여긴다.

좋은 엄마와 좋지 않은 엄마를 나누는 것은 다양한 모습의 모성을 가진 엄마들을 쉽게 판단하는 위험한 일이다. 좋고 나쁨을 판단하는 것은 매우 주관적인 결정이기 때문이다. 하지만 아이의 관점에서 좋지 않은 엄마는 존재한다.

아이가 엄마에게 절대적으로 의존하는 시기에 엄마라는 안전한 대상이 없다는 것은 아이에게 좋지 않은 일이다. 갓 태어난 아이는 엄마와 자신을 하나로 여기고 불편하고 배고픈 상황에서 엄마의 손길을 기다린다. 따뜻한 품을 내어주고 달래주는 엄마를 가진 아이와 아무리 울어도 반응이 없어 지쳐버리는 아이는 세상에 대한 첫인상이 다르다.

생애 초기에 엄마는 아이를 외부 세계로부터 보호하는 보호막이 된다. 아이가 엄마의 품인 보호막이 안전하다고 느끼면 외부 자극에 크게 놀라지 않는다. 하지만 보호막인 엄마가 아이에게 집중하지 못하고 아이를 전적으로 품지 못한다면 아이는 외부 세계를 위험하게 여긴다.

좋지 않은 엄마의 예를 들면 다음과 같다.

심한 우울 증상에 빠진 엄마

국내 조사 결과, 출산을 경험한 여성의 절반 정도가 산후우울감을 경험하며 이중 1/3은 산후우울증 위험군에 속한다.* 산후우울감이 배우자의 도움으로 해소되기도 하지만, 그렇지 않아 엄마의 우울한 정서가 심해지면 아이에게 부정적인 영향을 준다.

남편을 따라 낯선 도시로 이사를 온 뒤 출산을 하게 된 A씨는 마음이 울적하고 불안해지기 시작했다. 아이가 자는 모습을 지켜보느라 밤에 깊이 못 자고, 아이가 열이 나거나 토하는 일이 있으

---

* 보건복지부, '2018 산후조리 실태조사'

면 병이 있는 것 같아 걱정이 되었다.

남편이나 소아과 의사가 아무 문제가 없다고 해도 마음이 놓이지 않던 A씨는 아이에게 옷을 입히다가 몸에 상처를 내게 된 이후로 자신이 제대로 엄마 역할을 하기 힘들다는 생각이 들었다. 부족한 자신 때문에 아이가 상처가 났다는 생각이 들면 울음이 터져나와 진정할 수가 없었다.

A씨가 "이런 엄마면 없는 게 낫다. 죽고 싶다"라는 말을 하자 이를 심각하게 생각한 남편이 병원을 찾았다. 출산 후 호르몬과 환경의 변화로 우울한 정서가 생기고 이것이 심해지는 경우가 있다. 2주 이상 우울, 불면, 감정 기복 등의 증상이 있다면 의학적 도움을 받는 것이 필요하다.

엄마가 뚜렷한 우울 증상을 겪는 경우 아이는 다른 양육자들로부터 보호를 받아야 한다. 우울 증상은 치료를 통해 완전히 회복할 수 있다. 이 시기에 엄마를 도와주고 아이를 보살펴주는 자원이 부족하면 아이는 예민하고 짜증스러운 성향을 보이며 애착 형성에 어려움이 생기게 된다.

음주, 흡연, 도박 등의 중독 증상을 가진 엄마

임신 전 술이나 담배, 도박에 중독 증상을 가지고 있었거나 출산 이후에도 이러한 양상을 보이는 엄마들이 간혹 있다. 중독 증상이 있는 경우 아이에게 온전히 집중하지 못하고 아이는 엄마에게 거부당하는 느낌을 경험한다. 엄마가 술을 마시고 담배를 피느라 아이에게 집중하지 못하게 되면 아이가 필요한 것을 알아채고 반응하기 어렵고 아이는 주변이 안전하다는 인상을 갖지 못한다.

아이는 무엇을 원하고 느끼는지 자신만의 방법으로 드러내는데, 엄마가 여기에 적절하게 반응을 해주면 안정감을 느낀다. 엄마가 아이에게 적절한 반응을 해주지 못하는 경우 아이는 짜증스럽고 불쾌해진다. 아이는 자신이 원할 때 돌봄을 받지 못하는 일이 잦아지면 자신이 원하는 것을 다급하고 강렬하게 표현하고, 이후 정서적 결핍을 겪는다.

또한 엄마가 욕구 조절을 못하는 모습을 지속적으로 보여주는 경우 아이는 엄마의 모습에 익숙해진다. 스스로 조절하지 못하는 엄마는 아이에게 욕구를 조절하는 방법을 가르치지 못한다.

절제력이 부족한 엄마는 아이에게 단호하고 일관성 있는 제한을 하지 못하고 아이가 잘 참아서 인정받는 경험을 할 기회를 주기 어렵다. 중독 증상의 개선이 힘든 경우 전문가의 도움을 받아서 엄마 자신의 문제를 먼저 해결해야 한다.

아이를 원치 않는 엄마

　　　임신 이후에 이를 받아들이지 못하거나 아이를 키우는 것 자체를 원치 않는 엄마들이 있다. B씨의 사례를 보자.

계획에 없던 임신으로 결혼을 하게 된 B씨는 아이가 생긴다는 것이 믿기지 않았다. 결혼식도 못하고 다급하게 마련한 조촐한 신혼살림을 꾸려나가야 하는 것이 내키지 않았다.

"이렇게 된 거 어쩌겠어. 내가 책임지고 돈을 벌어올 테니 당신은 휴직하고 아이를 키워"라는 남편의 무심한 반응에 화가 나고, 이렇게 결혼하게 된 것이 후회스러웠다. B씨는 남편에게 이런 환경에서 결혼생활을 시작할 줄 몰랐고, 당신을 만난 것을 후회한다고 쏘아붙였다. 이후 남편은 B씨와의 대화를 피했다.

B씨는 남편에 대한 분노가 커져갔고, 아이를 대할 때 남편이 떠올라 따뜻하게 안아주기가 힘들었다. B씨는 배우자와 협력해 아이를 키우는 엄마가 되는 것이 준비되지 않은 상태였다. 아이를 원치 않는 B씨와 남편에게 맡겨진 아이는 자신이 안전하다고 느

끼지 못했다.

B씨 부부는 감정싸움을 하느라 아이에게 눈을 맞추고 반응해주는 일에 소홀했다. 분유나 이유식을 먹이고 기저귀를 갈아주기는 했지만 아이에게 부모의 존재를 확인시켜주고 애정을 표현하지는 않았다.

아이는 양육자와의 스킨십으로 자신의 존재감을 느끼고 안전하게 다루어지는 느낌을 받아야 한다. 그런데 유일하게 의지할 수 있는 대상이 자신을 거절하거나 따뜻하게 안아주지 않는다면 아이는 내면에 깊은 상처를 갖게 된다.

자라는 동안 온전한 돌봄을 받고 외부 세계가 안전하다는 느낌을 경험하지 못한 아이는 다른 사람과 외부 세계를 신뢰하기가 힘들다. 새로운 사람을 만나거나 어린이집이나 유치원에 처음 가게 되었을 때 쉽게 두려워하고 거절당할 것 같은 불안감을 느낀다.

환경에 적응하고 친구와 가까워진 이후에도 '혹시 나를 싫어하지 않을까? 나를 싫어해서 저런 말을 하는 걸까?'라는 의심을 하게 된다. 성장 과정에서 이러한 내면의 상처가 해결되지 않으면 아이가 다른 사람과 의미 있는 관계를 맺고 유지해나가는 경험을 하기 어렵다.

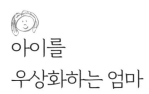

아이를
우상화하는 엄마

남들이 부러워하는 모습에 맞춰 아이를 키우다 보면
아이가 진심으로 원하는 것이 무엇인지 놓치기 쉽다.
엄마의 행동이 정말 아이를 위한 것인지 점검해야 한다.

현재 대한민국 교육에서 많이 쓰이는 단어는 '영재'이다. 국어사전을 찾아보면 영재는 "아주 두드러지게 뛰어난 재주를 가진 사람"을 뜻한다.

학원과 각종 교육기관에서는 부모에게 아이의 영재성을 알아낼 수 있다며 검사나 테스트를 권한다. 각각 다른 기준으로 영재로 판정되어 수학 영재, 과학 영재, 음악 영재, 인문학 영재 프로그램을 받는 아이들이 꽤나 많다.

대부분의 초등학교에서 4학년부터 단위 영재반을 구성하고 이후 지역 교육청, 사립대학교, 사립기관에서 부속 영재원생을 모집

한다. 경쟁이 치열한 영재원에 들어가기 위해 사교육을 따로 받는 아이들도 있다. 그런데 영재원에 속한 아이들만큼 우리나라에 영재가 많은 것일까?

아이가 영재라는 소리를 들으면 엄마는 기쁠 것이다. 아이의 재능을 키워주는 것이 엄마의 역할이기도 하다. 하지만 영재라는 타이틀을 유지하기 위해 아이와 엄마가 쏟는 노력과 시간을 보면, 이러한 과정이 과연 아이의 능력을 키워주는 것이고 아이가 만족스러운 경험을 하고 있는 것인지 걱정될 때가 있다.

남들의 부러움을 받는 엄마

인기 있는 영재원에 아이가 합격한 엄마, 일찌감치 아이의 재능이 발견되어 콩쿠르나 대회에서 수상을 한 아이의 엄마, 영재를 발굴하는 TV프로그램에 아이가 출연한 엄마, 학기마다 학급 임원을 하는 아이의 엄마, 영어학원이나 수학학원에서 테스트를 받은 후 아이가 최상위반에 다니는 엄마.

이런 엄마들은 주변의 부러움을 받고, 자신의 아이를 자랑스러워한다. 주변 엄마들은 아이를 부러워하는 걸까, 아이의 엄마를 부러워하는 걸까?

엄마가 남들의 부러움을 통해 양육에 대한 만족감을 느낀다면, 이는 엄마 자신을 위한 일이다. 엄마 역할을 잘하고 있는지에 대해 다른 사람의 확인을 받고 안심하는 것은 아이를 위한 일이 아니다.

나의 부족한 모습으로 아이에게 좋은 엄마가 되기 힘들다고 여기면 엄마는 다른 사람 이야기에 쉽게 흔들린다. 아이가 다른 사람들의 기준에 맞는 성취를 해내는 것을 돕는 엄마가 좋은 엄마일까? 다른 사람의 부러움을 받는 엄마는 아이가 만족하는 엄마일까?

엄마 역할에 자신이 없어 남들이 부러워하는 엄마가 되려고 노력하다 보면 아이가 원하는 것이 무엇인지 알기 힘들다. 아이의 반응보다 주변의 반응에 관심을 기울이게 되면 아이가 엄마에게 보내는 사인을 놓치기 쉽다.

아이에게는 엄마로부터 인정받는 것이 다른 사람들에게 인정받는 것보다 중요하다. 아이는 주관이 뚜렷해지기 전에 부모를 만족시키기 위해 노력한다. 그리고 이 과정이 맞는지 엄마에게 확인받고 싶어 한다.

아이: 엄마, 지금 다니는 학원도 많은데 영재원 시험까지 꼭 봐야 해? 그걸 하는 게 왜 중요해?

엄마: 요즘에는 다들 그 정도는 공부를 해. 너만 안 할 수 없잖아. 잘
　　　하는 아이들 대부분은 영재원 시험을 본다고 하더라. 학원 선생
　　　님도 네가 이 시험을 봐야 된다고 하셨어. 너한테 도움이 될 테
　　　니 일단 시험을 보자.

　아이는 주변의 요구에 어느 정도 맞추어야 하는지에 대해 엄마
와 함께 고민하고 싶다. 그런데 엄마가 자신만의 가치관을 갖지
못하고 주변 분위기에 휩쓸리면 아이는 혼란스러워진다. 엄마와
주변 사람들이 말하는 대로 따라가다가 어려운 시점이 오면 아이
는 '내가 이걸 왜 하고 있지?' 하는 생각이 들며 힘이 빠진다.

다른 사람들이 부러워하는 아이로 키우지 말자

　　'영재'라 불리는 아이들은 이름값을 지키고자 다음 대회,
시험을 준비한다. 아이는 영재로 인정받기 위해 사교육 선생님이
나 부모가 요구한 과정을 따라간다. 특목고에 가기 위해 중학생이
되면 특목고를 대비하는 학원을 다니고, 특목고에 합격한 이후에
는 학교 과정을 따라잡기 위해 소논문과 자기소개서 쓰는 법을 배
우는 사교육을 받는다.

엄마는 이 과정을 적극적으로 지원해주는 것이 아이를 위한 일이라고 여기고 많은 시간, 돈과 에너지를 쓴다. 물론 아이가 진정 원하는 길이고 엄마가 기꺼이 할 수 있는 일이면 괜찮다. 하지만 아이가 해야 할 이유를 못 느끼거나 그 과정에서 엄마와 아이의 감정적 갈등이 잦다면 다시 생각해봐야 한다.

아이의 학교, 학원 스케줄에 맞춰 하루를 보내는 엄마가 아이와 다투는 일이 많아지자 상담실을 찾았다. 숙제를 했는지 확인하고 시간 맞춰 학원에 보낼 때마다 아이와 다투게 된다고 한다.

"아이가 매일 나한테 화를 내요. 무슨 일을 할 때마다 한바탕 전쟁을 치러요. 이러다가 아이와 사이가 안 좋아질 것 같아요."

아이도 힘들기는 마찬가지다.

"엄마가 나한테 주로 하는 말이 '학원은? 숙제는?' 뿐이에요. 나도 잘하고 싶은 마음이 있어요. 하지만 가끔은 아무것도 안 하고 쉬고 싶을 때가 있잖아요."

"엄마가 내가 하는 숙제를 엄마가 해보면 내가 얼마나 힘든지 알 텐데. 좋아했던 과학도 학원에서 배우니 재미가 없어져요."

아이는 자신이 원하는 사람이 되기 위해 노력해야 한다. 아이가 감당해야 하는 스케줄이 아이의 재능과 창의성을 훼손하거나 나이에 맞는 정서, 대인관계 발달에 지장을 준다면 중단하는 것이 낫다.

엄마는 현재 아이가 하는 것이 무엇을 위해서인지, 진정 아이를 위한 길인지 다시 고민해봐야 한다. 남들이 부러워하는 아이가 되어야만 행복한 어른으로 자라나는 것은 아니다. 과도한 일정으로 아이가 힘들어하는데도 남들이 부러워하는 아이를 만들려는 욕심으로 이 과정을 고집해서는 안 된다.

아이의 독립을
방해하는 엄마

청소년기가 되면서 스스로 문제를 해결하려는 마음이 커진
아이는 엄마의 도움을 점차 거절하기 시작한다.
엄마는 독립적으로 변해가는 아이를 기다려줘야 한다.

한결이는 엄마의 애정을 누나보다 많이 받으면서 자라왔다. 엄마의 기억 속 한결이는 공부를 잘하고 어른에게 순종적인 착한 아이였다. 두 살 많은 누나는 걸핏하면 엄마에게 대들고 반항했지만 한결이는 늘 엄마를 이해해주었다.

그랬던 한결이가 중학생이 된 이후 집에 와서 말을 잘 안 하고 혼자 방에 있으려고 한다. 엄마가 학교생활에 대해 물어봐도 별말이 없다.

한결이와 이야기를 나눠보니 한결이의 기억은 엄마와 달랐다. 초등학교 시절 내내 거친 아이들 틈에서 화도 한번 못 내보고 참

으며 지내왔다. 억울한 일이 생겨도, 집안 일로 힘든 엄마를 괴롭게 하지 않기 위해 말하지 않고 속으로 삭였다. 주변에 자신이 하고 싶은 대로 하고 규칙을 어기는 아이들이 많았지만 한결이는 엄마가 바라는 대로 열심히 공부하며 학교생활에 성실했다.

그런데 엄마가 원하던 과학고등학교에 입학한 뒤 한결이는 이유 없이 허탈하고 무기력해졌다.

'내가 이걸 왜 하고 있는지 모르겠다. 학교 수업도 어렵고 과제도 너무 어렵다. 아무것도 안 하고 있으면 왠지 죄를 짓는 것 같고 엄마에게 미안하다. 그런데 무언가 할 힘은 없다.'

'다른 아이들은 아무렇지 않게 잘 지내는 것 같다. 자신의 이익을 챙기고 성적만 생각하는 아이들과는 대화하고 싶지 않다.'

아이의 문제를 직접 해결해주는 엄마

프로젝트 수업에서 한결이가 맡은 역할을 수행하지 않는 일이 잦아지자 학교 선생님이 엄마에게 이 사실을 알렸다.

엄마는 한결이와 충분한 대화 없이 학교 과제를 대신 해서 제출하고 선생님에게 이해를 요청했다. 당장의 상황은 해결되었지만 한결이는 자신이 어떠한 어려움을 겪고 있는지 관찰하고 표현할 수 있는 기회를 놓쳤다.

한결이는 계속 무기력한 상태로 지냈으며 언제부터인지 화가 나고 짜증스러웠다. 한결이는 엄마에게 학교 과정을 따라가기에 자신의 능력이 부족한 것 같다고 말했다. 그러자 엄마는 한결이의 학교 과제를 도와줄 사교육 선생님을 알아보았다.

아이: 엄마가 해결해줄 수 있는 일이 아니에요. 내 처지가 그렇다고 말해본 거예요. 지금으로서는 엄마가 원하는 것처럼 2학년에 조기 졸업하고 대학에 가기는 힘들어요. 내가 알아서 해볼게요.

엄마: 과학고에 갔으면 할 수 있는 만큼 해야지. 엄마가 도와주면 조기 졸업도 하고 좋은 대학도 갈 수 있어. 너도 원하는 거잖아?

아이: 내가 정말 원하는 게 뭔지 잘 모르겠어요. 엄마 말만 따르는 게 아니라 이제 내가 직접 경험하고 결정할 거예요. 다른 아이들은 어떻게 하고 있는지 물어볼게요.

엄마: 엄마가 지금까지 너한테 얼마나 노력을 기울였는데 넌 그런 식으로 말하니? 공부할 시간도 부족한데 뭘 더 생각해보고 결정해?

아이의 독립 과정이 불편하다면 엄마의 문제다

한결이가 원했던 것은 엄마가 대신 문제를 해결해주는 것이 아니라 어려움을 겪고 있는 자신을 믿어주고 응원해주는 것이었다. 어린 시절에는 엄마의 의견이 무조건 옳다고 여기고 따랐지만, 청소년기에 접어들면서 자신만의 생각을 만들고 이를 표현하는 과정이 중요해졌다.

달라진 한결이의 모습을 보고 엄마는 그동안의 노력이 헛된 일이었던 것 같아 배신감이 느껴졌다. 한결이는 엄마가 실망하는 모습을 보고 미안한 마음이 들었다.

하지만 더 이상은 엄마의 도움을 받고 엄마의 의견을 무조건 따르기는 싫었다.

한결이는 아이들과 균형을 이루면서 학교생활을 하기 위해 힘든 과정을 겪을 것이다. 같은 과정을 겪고 있는 학교 아이들과 소통하며 도움을 받을 수 있는 것이 많은데, 한결이는 아이들 앞에서 마음을 열어본 적이 없었다.

그동안 한결이는 주변을 부정적인 시선으로 바라보며 대화를 피했기 때문에 갑자기 태도를 바꾸어 아이들에게 먼저 다가가는 것이 쉽지 않았다.

한결이의 변화된 모습을 주변에서 받아들여주기까지 시행착오가 있을 것이다. 이러한 과정에서 한결이가 지쳐서 무너지고 싶을 때 엄마를 포함한 주변 사람에게 기대고 힘을 얻어야 버틸 수 있다.

"아이가 갑자기 달라졌어요. 도대체 왜 안 하던 짓을 하는지 모르겠어요."

"내가 도와주면 해결될 일을 고집을 피워요. 저러다가 지금까지 한 것이 다 무너질까 걱정이 돼요. 스스로 해보고 안 되면 더 좌절할 것 같아요."

"엄마가 말하는 대로 대학을 가면 다 해결되나요? 제가 원하는 것이 뭔지 모르겠어요. 이러다 보면 성적에 맞춰 진학을 할 텐데 이후에 전공이나 학교가 나와 맞지 않으면 어떻게 해요? 결국 내가 선택해야 하는 거잖아요."

나는 한결이가 주도적으로 문제를 해결하려고 하는 것이 건강한 모습이라고 설명을 드렸지만 엄마는 마음을 놓지 못했다. 이전 모습으로 돌아가 도움을 받으면 해결될 일을 한결이가 받아들이지 못한다고 생각했다.

엄마는 한결이가 자신의 힘으로 지금의 어려움을 이겨나갈 수 있을 것이라고 믿기 힘들었다. 한결이가 자신을 믿어달라고 호소해도 엄마는 도움을 받지 않으려는 한결이의 모습에 화가 났다.

아이가 독립적인 모습을 보이며 엄마와의 관계를 변화시키고

싶어 할 때, 이를 거부하고 아이가 어린 시절처럼 엄마에게 의존
적인 모습을 보이길 원한다면 엄마 자신의 감정으로 인해 아이를
객관적으로 보지 못하는 것이다.

아이를 감정의 배출구로
사용하는 엄마

아이를 키우면서 힘든 감정을 아이에게 쏟아부으면
아이는 자신이 엄마를 힘들게 하는 존재라고 여긴다.
엄마가 감정을 추스르며 기다려야 한다.

아이는 생애 초기부터 자신을 돌봐주는 엄마의 반응을 통해 감정을 배워나간다. 엄마는 아이의 표정, 목소리, 놀이 과정을 살피며 아이가 원하는 것과 그에 대한 감정을 알려준다. 엄마의 세심한 반응으로 인해 아이가 가지는 감정의 수가 많아지고 표현이 다양해진다.

이러한 과정은 청소년기까지 지속된다. 엄마는 아이의 감정을 알아봐주고 이해해주며 그 감정을 말로 표현해주는 대상이다. 엄마가 아이의 감정에 반응해주는 것은 아이가 다른 사람과 교류하는 방법을 배우는 중요한 과정이다.

그런데 엄마가 아이의 감정을 알아채고 이해해주기보다 아이가 엄마의 감정을 받아내는 경우가 있다. 아이가 자랄수록 엄마에게 마음의 위안이 될 수는 있다. 하지만 엄마가 자신의 감정을 주체하지 못하고 괴로워하는 경우 아이는 엄마의 감정을 살피느라 자신의 감정을 표현하는 방법을 배우지 못한다. 아이가 엄마의 마음을 걱정하고 엄마가 편안해지는 방향으로 반응하고 노력하는 것은 정서 발달에 좋지 않은 영향을 준다.

내가 이렇게 사는 것은 너 때문이야

아이는 엄마가 속상해하거나 힘들어하면 불안해진다. 가장 가까운 사이이고 대부분의 보살핌을 주는 엄마에 대해 아이는 본능적으로 민감하게 반응한다. 그러므로 아이는 자신 때문에 엄마가 힘들어하는 것 같으면 마음이 괴로워진다.

엄마는 아이를 키우며 심리적으로 육체적으로 한계에 다다른 것 같은 느낌을 받을 때가 있다. 그리고 이러한 어려움의 원인이 아이인 것처럼 표현하기도 한다. 아이는 자신이 엄마를 힘들게 하는 원인이라고 생각하고 무력감과 자책감을 느낀다.

"지금 엄마가 너 때문에 이걸 하고 있는 거잖아. 알겠으면 엄마 말을 잘 들어."

"내가 원래 이렇게 살 사람이 아니었어. 네 아빠가 저런 사람인 줄 모르고 결혼해서 내 인생이 변했어. 너만 아니었다면 엄마는 지금 이렇게 지내고 있지 않을 거야."

아이가 자신이 엄마의 인생을 망친 원인이라고 느낀다면 늘 엄마에게 미안한 마음이 들 것이다. 엄마가 가사, 양육 혹은 직장일로 힘들어할 때 아이는 엄마를 위로할 수도 문제를 해결할 수도 없다.

엄마의 불행이 자신 때문이라고 생각하고, 이러한 의미가 담긴 엄마의 표현이 반복된다면 아이의 마음은 멍들어가고 결국 자기 자신을 싫어하게 된다.

'나는 늘 엄마를 힘들게 하는구나. 엄마는 나를 위해서 노력하는데 나는 그걸 받을 만한 아이가 아니야.'

'나 같은 아이는 차라리 없는 게 나을 것 같아.'

너만 보면 답답해 미치겠어

　　엄마는 아이가 조금 더 능력 있고 나은 사람이 되기를 바란다. 그렇기에 아이가 해야 할 일과 엄마의 바람을 자주 이야기한다. 아이가 학교에서 친절하고 배려심이 많은 모습을 보였으면하고, 집에서 예의바르게 행동하며 동생을 배려하고 자기 할 일을 알아서 하기를 바란다.

　아이는 대체로 엄마가 바라는 대로 하려고 노력하지만 행동으로 옮기고 그것이 익숙해지기까지는 많은 시간이 걸린다. 그런데 욕심이 지나친 엄마는 아이가 자신의 기대와 다른 모습을 보이면 크게 실망하고 아이를 비난한다.

　"엄마가 이만큼 도와주었으면 이제 알아서 할 때가 되었잖아. 엄마가 어떻게 해야 말을 알아듣겠어. 네가 그러니까 엄마가 사는 맛이 안 나."

　"이번 시험에서도 또 실수했어? 네가 이러면 엄마가 뭐가 돼?"

　아이를 키우는 과정에서 답답함을 견디고 기다려야 하는 시점이 있다. 아이가 빨리 정신을 차리고 엄마의 말을 듣는다고 해결될 일이 아니라 아이 스스로 필요성을 느끼고 노력할 때까지 기다

218

려야 할 때가 있다.

나는 상담실을 찾은 엄마들에게 아이가 당장 변할 수는 없으니 가장 먼저 변화되었으면 하는 것들을 몇 가지만 정해달라고 부탁한다.

"제가 바라는 것은 아주 기본적인 것이에요. 공부를 잘하라는 것도 아니고 특별한 것을 기대하지도 않아요. 그저 밖에 나갔다가 오면 먼저 손을 씻고 벗어놓은 옷을 정리해두는 것 정도예요."

"학교 갈 때 준비물을 챙기라고 매일 이야기를 해요. 그런데 꼭 한두 가지는 빠트리고 가져가고 안 가져오는 것도 있어요. 숙제를 물어봐도 기억을 못해요. 그런 일은 지금쯤은 알아서 해야 하지 않나요?"

엄마가 아이에게 바라는 것들은 대부분 아이에게 반드시 필요한 일들이다. 언젠가는 아이가 발달해서 성취해야 하는 과제들이다. 그런데 이 과제를 반드시 해야 한다고 여기는 시점이 엄마와 아이가 다르다.

예를 들어 자기 방 정리나 물건 챙기기와 같은 것은 엄마가 다급해할 때가 아니라 아이 스스로 불편함을 느끼고 이를 고쳐나가려는 마음이 생길 때가 돼야 해결된다.

아이가 필요성을 느끼지 못할 때 엄마가 반복적으로 말하고 다그쳐도 소용이 없다. 이 과정에서 엄마가 고통스러운 감정을 계속 아이에게 쏟아내는 것은 좋지 않다. 아이가 비난받지 않기 위해 엄마가 바라던 모습을 보여도, 엄마는 만족할지 모르나 아이는 스스로 해냈다는 유능감을 느끼지 못한다. 그리고 엄마의 말을 어기거나 실수를 하면 상황을 모면하고자 거짓말을 하기 쉽다.

발달이론에 따르면 사람은 본능적으로 자신이 원하는 방법을 모두 시도해보고 스스로 하려는 경향을 갖는다.* "믿고 기다리세요"라는 나의 말에 엄마들은 "그게 과연 가능할까요? 언제쯤 그렇게 될까요?"라고 되묻는다.

아이의 발달은 앞으로 나아가게 되어 있다. 아이마다 변화하는 시점이 다르지만 아이는 삶 속에서 계속 성장한다. 발달 지체와 자폐성 장애와 같은 특정 상황을 제외한다면 아이의 발달 가능성을 믿어야 하며 재촉하거나 비난하지 않는 것이 중요하다.

---

* 『아이, 가족 그리고 외부세계』, 도널드 위니컷, 한국심리치료연구소

아이를 혼란스럽게
만드는 엄마

아이가 혼자 힘으로 목표를 이루고자 나름 노력하는데,
아이가 자립해가는 과정을 엄마가 기다려주지 못하고
실패에 대해 비난을 하면 아이는 혼란스러워한다.

나는 첫 진료시 아이와 엄마에게 상담을 통해서 어떤 도움을 받고
싶은지를 물어본다. 이 질문에 대한 답을 들어보면 아이와 엄마가
그동안 해온 고민, 시행착오를 알 수 있기에 중요하다. 그리고 첫
상담에서 말한 목표와 상담이 진행되면서 드러나는 바람이 다른
경우를 발견한다.

나의 제한된 경험에 근거해 말한다면 겉으로 말하는 바람과 진
짜 바람이 같은 경우는 부모보다는 아이들 쪽이다. 상담이 이어질
수록 엄마는 처음 말한 상담의 목표와 다른 기대를 내비치는
경우가 많다.

"아이가 정말 원하는 게 무엇인지 알고 싶어요. 아이의 속마음을 알고 싶어요."

"앞으로 스트레스 받지 않고 지내게 도와주고 싶어요."

"아무리 이야기해도 말을 듣지 않아요. 아이와 소통을 잘하고 싶어요."

"엄마는 내가 매일 노는 것처럼 보이니까 답답한 거예요. 공부하는 것보다 점수가 덜 나오니까 여기 온 것 같아요."

"나 때문이 아니라고 하지만 엄마가 화낼 때에는 왠지 내가 원인인 것 같아요."

"어차피 엄마가 원하는 대로 할 거면서 왜 자꾸 대화하자고 하는지 모르겠어요."

상담을 통해 해야 할 일은 엄마와 아이 각자가 원하는 것이 무엇인지 명확하게 정리하는 것이다. 각자의 바람이 실천될 가능성이 어느 정도인지 그리고 이것이 아이에게 꼭 필요한 것인지 따져본다.

엄마는 아이와 대화를 잘하기 위해 자신이 아이에게 기대하는 것이 무엇인지 알고 있어야 한다. 그리고 엄마의 바람을 아이가 잘 알아들을 수 있게 표현해야 한다.

엄마는 아이와 충분히 이야기를 나누고 합의한 것이라고 하지만, 아이는 엄마 의견에 따라 어쩔 수 없이 결정한 것이라고 말하는 경우가 많다. 아이와 제대로 된 소통을 하고 싶다면 엄마는 자신의 표현 방식이 적절한지 점검해보자.

네가 원하는 대로 해

C의 엄마는 C가 무엇인가를 시작하면 쉽게 포기하고 엄마와 한 약속을 잘 지키지 않는다며 속상해했다. 수학학원을 시작하기 전 엄마는 C에게 학원을 정말 다니고 싶은지, 숙제를 밀리지 않고 할 수 있는지 여러 번 물어보았다. C는 엄마와 약속을 하고 학원에 등록했지만 두 달이 지나자 엄마와의 약속을 어기기 시작했다.

이런 일이 반복되자 엄마는 C에게 그럴 거면 학원을 그만두라며 화를 냈다. 엄마는 지금까지 C가 학원을 다녔다가 그만두는 일을 되풀이하고 있어 걱정이 되었다.

"아이가 다니기 싫다고 했으면 보내지도 않았어요. 아이가 원해서 시작한 건데 약속을 지키지 않으니 답답해요."

"이것도 실천을 못하는데 나중에 어떻게 살지 걱정이 돼요. 아이가 원하는 것이 무엇인지 모르겠어요."

  진료실에 들어온 C는 어두운 표정으로 고개를 숙인 모습이었다. 상담을 하게 된 이유와 상담을 통해 기대하는 것을 묻자 C는 한숨을 쉬며 말하는 것을 머뭇거렸다. 자신이 숙제를 제대로 하지 않아서 상담실에 오게 된 것 같다는 생각이 들어 창피하다고 말했다.

  "수학공부는 해야 한다고 생각해요. 그런데 혼자서 공부할 자신은 없고, 마침 엄마가 물어보니까 학원에 간다고 했어요. 그런데 학원 진도가 너무 빨라서 쫓아가기 힘들어요. 학교 숙제랑 학원 숙제를 다 하긴 힘들어요. 나만 못하는 것 같아 내 자신이 너무 싫어요."
  "엄마는 내가 원하는 대로 하라고 하시지만 내가 할 수 있는 것이 뭐가 있는지 모르겠어요. 엄마가 권하는 것을 안 하면 공부를 아예 포기하는 것으로 보일까봐 일단 학원은 다니는 거예요."

엄마와 대화하기 어려워하는 아이들

　　　엄마는 C가 원하는 것, 방향을 알고 싶다고 말했다. C가 초등학교에 다닐 때에는 아이 의견을 묻지 않고 일방적으로 공부를 시켰는데 소용이 없었다. 그래서 중학교 이후에는 C가 원하는 것만 시키기로 결심했다.

C에게 원하는 것을 물어봐도 명확한 답은 하지 않고 자신이 스스로 해내는 것이 없자 엄마는 답답해지기 시작했다. 억지로 시키지 않으니 그전에 하던 만큼도 노력을 안 하는 것 같았다. 그냥 두고 볼 수는 없어 주변에서 좋다고 말하는 학원을 권해보면 아이는 다니겠다고는 하지만 열심히 다니지는 않아 그만두게 되었다.

C는 스스로 계획을 짜고 공부를 해본 경험이 없었기에 공부하는 방법을 몰랐다. 공부를 왜 해야 하는지, 자신이 어떤 사람이 되고 싶은지를 고민해보지 않았기에 자신이 원하는 것을 말하기도 어려웠다.

C는 엄마와 상의하며 자신이 원하는 것을 찾아가고 싶었지만 대화가 잘 진행되지 않았다. C는 엄마에게 힘든 감정을 이야기하면 혼나고 잔소리를 들어왔던 기억이 있기에 엄마에게 쉽게 속마음을 이야기하기 어려웠다.

"엄마도 이제는 억지로 안 시킬 거야. 이제 네가 원하는 대로 해."

"그래서 너는 어떻게 하겠다는 거니? 이번에는 지킬 수 있어?"

C는 엄마의 말을 들어도 엄마가 정말로 원하는 것을 알기 어려웠다. 엄마가 이제 자신의 의견을 존중해서 C의 의견에 따르겠다고 하는 것인지, C에게 실망하는 일이 많아 포기하고 싶다는 것인지 혼란스러웠다.

자신만의 방법이 확고하지 않으니 엄마의 의견을 그대로 따랐다가 힘들어서 결국 포기하는 일은 C에게 매우 수치스러운 경험이었다. 엄마에게 의존하던 아이가 스스로 자립하기까지는 시간과 절차가 필요하다. C가 원하는 것을 이루기 위해 방법을 찾고 다양한 시도를 해보고 변화를 주는 일에는 엄마의 도움이 필요하다.

엄마는 아이가 스스로 해결해나가기를 바란다면 엄마의 도움을 단계적으로 줄여가는 과정을 거쳐야 한다. 엄마가 전적으로 도와주다가 지쳐서 갑자기 손을 떼려고 하거나 시행착오를 거치는 과정에 있는 아이를 비난하고 전적으로 아이 책임으로 돌리는 엄마는 좋지 않은 엄마이다.

좋지 않은 엄마는
아이에게 어떤 영향을 미치는가?

어린 시절에 엄마의 충분한 돌봄을 받지 못하면
성인이 되어 누군가에게 도움을 받는 것을 불편해한다.
자신이 어린아이처럼 의존적인 존재가 될까봐 두려워한다.

엄마의 좋지 않은 면들은 아이에게 부정적인 영향을 미친다. 엄마의 나머지 좋은 부분을 통해 이러한 영향이 극복되기도 하지만 아이가 어리면 어릴수록 엄마에게 큰 영향을 받는다.

앞에서 이야기했던 '아이에게 몰두하기 힘든 엄마, 아이를 우상화하는 엄마, 독립을 방해하는 엄마, 아이를 감정의 배출구로 사용하는 엄마, 아이를 혼란스럽게 하는 엄마'는 아이 자신이 원하는 것을 찾아가는 과정을 방해한다.

아이는 누군가에게 의존해야 하는 시기에 엄마로부터 충분히 돌봄을 받음으로써 안전한 관계를 경험하고 배운다. 그리고 이를 통해 아이는 다른 사람을 만났을 때 쉽게 불안해하지 않고 친해질 수 있다. 엄마로부터 그와 같은 경험을 하지 못한 아이는 누군가와 가까워지는 것이 불편하고, 다른 사람에게 편하게 도움을 요청하지 못한다.

습관처럼 순종하는 D씨

38세 D씨는 부모님과 함께 살며 10년째 같은 회사를 다니고 있다. 어린 시절부터 알코올 중독인 아버지가 술을 먹고 어머니를 때리면 어머니를 보호해주려고 노력했다. 우울해하고 힘들어하던 어머니는 D씨에게 감정을 쏟아내고 위로를 받았으며, D씨는 자신이 해야 할 일들을 묵묵히 하면서 자신의 생각보다 주변의 의견을 따르며 지내왔다.

적당한 대학을 나와 적당한 회사에 다니면 된다고 여겼기에 친구들은 조건이 좋은 다른 회사로 직장을 옮겼지만 D씨는 처음 입사한 회사를 계속 다니고 있다. D씨는 집과 회사 이외의 곳을 가는 일이 드물다. 어머니는 퇴근한 D씨를 붙잡고 남편에 대한 불만을 이야기했고, D씨가 결혼을 해도 함께 살기를 원했다.

D씨는 회사에서 자신을 좋아하는 후배와 사귀기도 했지만 어

머니를 챙기느라 여행을 가지 못하는 일이 생기자 여자 친구는 헤어지자고 말했다. 누군가와 새로운 관계를 갖는 것이 부담스러운 D씨는 일에만 집중했고 이러한 모습을 상사에게 인정받아 부장으로 승진했다. 자신의 업무만 하면 되던 이전과 달리 후배를 챙기고 관리해야 하는 위치가 부담스러웠다.

타 지역으로 출장을 가기 위해 차를 운전해 가던 중 D씨는 갑자기 어지럽고 숨이 막혀 눈앞이 캄캄해지면서 응급실 신세가 되었다. 검사 결과 다행히 신체적인 문제는 없었으며 공황장애가 의심된다며 정신건강의학과 진료 처방을 받았다.

나에게 진료를 받게 된 D씨는 약물치료와 상담을 하면서 증상이 매우 호전되었다. D씨는 진료를 받을 때마다 증상이 다시 나타날까봐 걱정했으며 자신이 이전처럼 지낼 수 있는지 확인받고 싶어 했다. 심리적인 어려움이 있다고 생각해본 적이 없었기에 정신건강의학과 치료를 받는 것이 맞는 것인지 불안해했다.

"선생님이 먹으라고 해서 약을 먹지만 혹시나 약에 중독될까봐 걱정돼요. 이제 제 힘으로 이겨나가야 하는데 괜히 의지하는 것 같아요."

"그때 증상이 다시 나타날까봐 두려워요. 저는 부모님을 챙기고 회사에서 맡은 역할이 커서 아프면 안 돼요."

치료를 받으면서 증상이 사라졌지만 병원에서 치료를 권하니 습관처럼 이를 따르고 있는 것이어서 진료를 받고 약을 먹는 것을 불편해했다. 약을 먹으면서도 이것이 정말 나한테 필요한 것인지 의심스럽고 이러다 평생 약을 먹게 되면 어떻게 하나 하는 걱정이 들었다.

나는 D씨에게 이러한 생각이 치료 중 나타날 수 있는 자연스러운 반응임을 설명하고 D씨가 느끼는 감정들을 충분히 표현하도록 격려했다.

D씨는 치료라는 도움을 받으며 편안함을 느꼈지만 동시에 도움으로부터 벗어나지 못하는 의존적인 존재가 될 것 같은 두려움도 느꼈다. D씨는 어머니가 늘 자신의 힘으로 해결하지 못하고 누군가의 도움을 받아왔던 것을 보고 자란 탓에 자신도 누군가에게 평생 의존하는 삶을 살까봐 불안했다.

의존에 대한 두려움

D씨는 의존적인 어머니를 보면서 자신은 누군가의 도움 없이 잘 지내려고 무던히 노력을 했다. 자신이 원하는 대로 하면 실패할 수도 있기 때문에 늘 다른 사람이 안전하다고 이야기하는

길로만 가려고 했다.

　또한 자신이 맡은 일은 완벽하게 해내서 다른 사람에게 피해를 주지 않으려고 애썼다. 심적으로 지치고 힘들어도 누군가에게 말하거나 도움을 구하는 것은 하지 말아야 하는 행동 같았다. 다른 사람의 도움을 받다 보면 자신도 어머니처럼 평생 누군가에게 도움을 받으며 지내야 될 것 같았다. 그래서 지금 치료를 받고 있는 것이 자신이 의존적인 사람이 되는 것 같아 불편했다.

　"사람들이 정신과 약은 한 번 먹으면 끊지 못한다고 해서 불안해요."

　"의사 선생님이 말하는 것을 믿지만 혹시나 내 의지로 해결할 수 있는 일인데 괜히 도움을 받는 게 아닌가 하는 생각이 들어요. 선생님은 제가 나아질 수 있다고 확신하세요?"

　치료의 목표는 환자가 기능을 회복해 자신의 상태를 스스로 조절할 수 있도록 돕는 것이다. 또한 증상으로 인해 불안에 압도되어 자신을 스스로 감당할 수 없다는 생각이 드는 것을 줄이는 것이다.

　D씨는 성장 과정에서 충분한 도움을 받으며 독립하는 과정을 경험하지 못했기 때문에 도움을 받는다는 것 자체가 두려웠다. 한

번 도움을 받으면 계속 도움을 받아야 될 것만 같았고 도와주려는 사람이 안 좋은 의도를 가지고 있는 것이 아닌지 의심이 되었다. 그래서 그동안 누군가에게 도움을 요청해본 적도 도움을 받아본 적도 없었다.

운전 중 생긴 불안 증상은 D씨가 가지고 있는 의존에 대한 두려움을 자극했고, 증상이 좋아진 뒤에도 D씨를 불안하게 했다. 나는 약물 치료가 필요한 기간과 치료를 종결해나가는 과정을 설명했다. D씨는 진료실에 올 때마다 불안해했고 나는 일관된 설명을 반복했다.

D씨가 치료 과정을 믿고 불안을 스스로 다루는 것에 익숙해지는 데는 다소 시간이 걸릴 것이다. 치료적 도움을 받고 다시 자신의 능력을 회복하는 경험을 통해 D씨는 안전한 관계에 대해 배울 수 있을 것이다.

엄마는 아이를 잘 키우고 싶은 욕구가 아닌 자신의 발전을 위한 충동이 있으며, 이를 통해서 평생에 걸쳐 발달한다. 아이가 성인이 되기 전까지 내어주었던 엄마 자신을 되찾고 발전시키기 위해 늘 엄마 자신을 최우선 순위에 두어야 한다. 엄마는 아이를 키우면서 좋은 엄마이길 바라는 환상을 가졌다가 좌절하지만 자신이 최선을 다하는 엄마임을 깨닫고 다시 힘을 낸다. 이러한 모습을 보면서 아이는 좌절을 하더라도 극복하는 과정을 자연스럽게 배운다. 부족한 상황에서 조금씩 긍정적인 변화를 이끌어내는 엄마를 보면서 아이도 자신의 부족한 점을 삶의 자극으로 활용하게 된다.

8장

엄마이기 이전에
'나'를 찾자

엄마이기 이전에
한 인간으로서 나를 찾자

엄마로서가 아니라 인간이라는 존재로서
이루고 싶은 욕구와 열망이 내면에 존재한다.
아이보다 엄마 자신을 우선순위에 두자.

아이를 다음 발달단계로 나아가게 하는 힘은 아이의 충동이다. 충동이란 무언가를 하고 싶은 욕구를 느끼게 하는 마음속 자극이다.

엄마의 도움을 받지 않고 스스로 하고 싶은 충동, 정해진 틀을 깨어보고 싶은 충동, 다른 사람들과 달라 보이고 싶은 충동들이 아이를 새로운 것에 도전하고 노력하게 한다.

물론 충동으로 인해 주변 사람들과 갈등을 빚거나 중요한 일에 실수나 잘못을 하는 일도 있지만 현재와 다른 상태를 지향하는 충동은 발달에 있어서 반드시 필요하다.[*]

사람은 평생에 걸쳐 발달한다. 엄마도 아이를 잘 키우고 싶은 욕구가 아닌 엄마 자신의 발전을 위한 충동이 있으며 이를 통해 엄마도 계속 발달한다.

엄마는 아이에게 잠시 자신을 내어준 것이다

엄마의 충동을 알기 위해 결혼하기 전, 아이를 갖기 전 자신의 모습을 기억해보자. 분명 자신에게 바라는 모습, 이루고자 하는 목표와 같은 마음속 충동이 있었을 것이다. 아이를 출산하고 키우게 되면 본능적으로 내 충동보다 아이의 충동, 욕구를 우선시한다.

그렇지 않은 경우가 잘못되었다는 것은 아니다. 엄마가 자신의 모든 감각을 아이에게 맞추는 시기에는 엄마의 충동을 잘 인식하지 못한다. 아이가 자라면, 엄마가 아이에게 몰두하는 시기가 지나면 엄마 내면의 충동은 다시 수면 위로 떠오르게 된다.

나는 출산휴가가 끝나고 병원에서 근무하면서 시간 안에 일을 끝내야 하니 늘 마음이 바빴다. 집에 돌아와서는 그날 아이가 먹은 것, 놀이한 것, 새롭게 한 언어 표현들을 전해 듣고 아이에게 집

* 『100% 위니캇』, 안느 르페브르, 한국심리치료연구소

중했고, 다음날 아이와 나 자신에게 필요한 것을 챙기고 하루를 마감했다.

명절마다 만나는 조카들을 보면서 '아이들은 금방 크는구나' 싶었는데, 내 아이는 '도대체 언제쯤 클까?'라는 생각을 하게 되었다. 첫째가 말을 잘하고 혼자서 제법 잘 놀 때쯤 둘째를 임신했고, 그후 2~3년을 아이들과 나 자신만을 간신히 챙기며 지냈다.

동기들에 비해 아이를 일찍 갖게 된 나는 자유롭게 여행을 다니거나 자기 일에 몰두해 연구 과제를 진행하며 성과를 내는 친구들을 보면서 나만 정체되는 것 같아 속상했다. 그리고 다음과 같은 생각들이 머릿속에 맴돌았다.

'나에게 아이가 없다면 지금 어떻게 지내고 있을까?'
'나는 이제 계속 이렇게 살게 되는 걸까?'
'지금 이 시기만 지나면 나 자신을 위해서 살겠지.'

아이가 유치원에 가면 아이에게 몰두하는 일이 줄어들 것이라 생각했다. 하지만 나 자신보다 아이를 우선시하면 해야 할 일이 계속 많아졌다. 아이의 친구관계를 위해 유치원 엄마들 모임에 나가 친분을 유지하면서 아이가 친구와 놀 수 있는 기회를 마련했다. 퇴근 후 아이에게 책을 읽어주고 같이 놀아주느라 내 시간의 대부분을 아이를 위해 썼다.

그러던 중 첫째 아이가 기분이 나쁘면 방에서 혼자 있고 싶어 하는 모습을 보면서 엄마가 모든 순간에 꼭 필요한 것은 아님을 알게 되었다. 아이가 자신을 찾아가는 것처럼 엄마도 자신이 원하는 모습의 '나'를 찾아가는 것이 최우선이어야 한다.

아이에게 내어주었던 엄마 자신을 찾자

엄마는 자신의 몸과 마음을 잠시 동안 아이에게 내어주었던 것이고, 이를 다시 되찾아야 한다. 통계청 자료(2017 생명표)에서 여성의 평균 수명이 85세라고 한다. 아이가 엄마에게 도움을 받는 기간은 길게 잡아야 20년이다. 나머지 65년을 엄마 자신으로 살아야 한다.

아이가 엄마의 돌봄을 필요로 하는 기간에도 엄마는 자신의 충동을 느낀다. 엄마는 자신의 충동에 따라 움직여 나갈 수 있는 시기가 언제쯤일지 고민해야 한다.

엄마가 자기 자신, '나'를 찾아가는 것을 언제부터 해야 할까? 엄마도 엄마이기 전에 한 여성이자 인간이다. 자신만의 충동을 가지고 이를 추구하는 것은 평생 지속되는 과정이다. 아이가 자신을 찾아가며 엄마의 도움을 거절하는 시기가 오기 전에 먼저 엄마 자신을 찾는 과정을 시작하는 것이 좋다.

엄마가 엄마라는 역할에만 몰두하는 기간이 길어질수록 자신의 욕구와 충동을 인지하는 일에 둔해진다. 아이에게 잠시 내어주었던 자신을 찬찬히 들여다보고 살피는 일을 매일매일 틈틈이 해보자. 지금 내 모습에서 만족하는 부분과 변화를 주고 싶은 부분을 구분해보자.

2년 뒤, 5년 뒤 내가 어떻게 살고 싶은지 지금부터 꾸준히 고민하고 찾아보자. 나는 아직 내가 원하는 '나'의 모습을 찾는 중이다.

진료실에서 마주하는 엄마들 중 자신의 욕구를 잘 알고 있는 경우는 드물다. 주도적인 성향이어서 자신에 대해 잘 알고 있다고 생각했던 엄마도 출산, 육아 과정을 거치게 되면 자신의 모습을 되찾는 데 시간이 걸린다.

성장 과정에서 자신의 충동을 이해하지 못했던 엄마는 내면의 욕구를 알아차리는 일이 더 오래 걸린다. 모든 엄마들에게 많은 시간과 노력이 필요한 과정이므로 조금이라도 더 이른 시기에 찬찬히 고민하자.

아이가 엄마를 필요로 하지 않을 때가 되면 엄마는 자신이 원하는 일을 할 수 있다. 이것을 미리 준비하고 대비하고 있으면 좀더 효율적으로 원하는 것을 하게 된다. 엄마가 스스로를 찾아가는 과정이 돈을 버는 일이나 거창한 직업일 필요는 없다. 엄마 자신이 즐거울 수 있는 활동에, 사람과의 만남에 참여하면 된다.

긍정적인 부분은, 엄마는 아이를 키우면서 마음이 성장한 덕분에 결혼 전보다 주변을 보는 시야가 넓어지고 통찰력이 생겼다는 것이다. 엄마 역할을 해보고 나면, 무언가에 쫓기듯 살아오던 어린 시절과 다르게 삶을 느긋하게 누리는 방법을 알 수 있고, 어려움을 겪는 타인의 마음을 이해하는 것이 수월해진다.

엄마보다 30년 늦게 태어나 자신을 찾기 시작한 아이는 꾸준히 자기 자신을 찾아가는 엄마의 모습을 보면서 많은 것을 배운다. 이를 통해 아이는 자신을 찾아가는 과정에서 조급해하지 않고 자신의 충동을 알아보려는 시도를 하게 된다.

좋은 엄마에 대한
환상과 좌절

좋은 엄마가 되어야 한다는 생각을 내려놓고
엄마가 해줄 수 있는 것과 없는 것을 구분하자.
부족하지만 최선을 다하는 엄마로서 당당해지자.

좋은 엄마가 되려고 노력하다가 아이에게 엄마가 해줄 수 있는 것의 한계를 느끼고 좌절하는 것은 자연스러운 일이다. 나 자신도 아이를 가졌을 때 좋은 엄마가 될 것이라는 환상이 있었지만 아이 앞에서 실수하고 잘못하는 일이 생기면서 좌절했다.

직장 일에 지쳐 피곤한 날에는 아이가 말을 걸어와도 대충 넘겼고 아이가 떼를 쓰거나 고집을 피울 때는 화가 나서 괜히 남편에게 심술을 부렸다. 아이가 학교에서 친구를 사귀기 힘들어하면 내가 직장을 다녀서 친구를 만들어주지 못한 것 같아 미안해했다.

하지만 시간이 지날수록 엄마가 해줄 수 있는 것과 없는 것을 구별하는 것이 중요하다는 것을 배우게 되었다. 초등학교 이후의 친구관계는 엄마가 해결해줄 수 있는 것이 아니기에 아이가 힘들어할 때 함께 고민하고 감정을 나누어주는 것만으로도 충분하다.

가족끼리 여행을 가는 친구들을 보면서 부러워하는 딸에게 "같이 못 가서 속상하니? 엄마가 일을 해서 여행을 함께 가지는 못해. 엄마는 네가 친구들과 잘 어울리길 원해. 엄마가 도울 수 있는 일이 있는지 생각해보자"라고 엄마가 할 수 있는 것을 구분지어 이야기했다.

엄마가 자신의 한계를 명확히 알고 있을 때 오히려 아이 앞에서 당당할 수 있다. 아이가 문제를 해결해달라고 부탁해도 엄마가 해줄 수 없는 일이라면 거절을 해야 아이 스스로 문제를 풀어나갈 수 있다.

2004년 정신건강의학과 전공의 시절 나는 내담자의 문제를 모두 이해하고 도움을 줄 수 있을 것이라는 환상도 있었다. 내가 내담자보다 이론을 많이 알고 있으니 해결책을 줄 수 있다고 여겼다. 하지만 상담을 하면 할수록, 의사로서의 경험이 쌓일수록 내가 할 수 없는 것들이 더 선명히 보였다. 일일이 방법을 알려주지 않아도 내담자가 자신의 힘으로 일어나는 법을 도울 수 있다는 것도 함께 깨달았다.

의사로서 할 수 있는 것과 할 수 없는 것이 구별되기 시작하니 내담자와 관계를 형성하고 협력하는 것이 수월해졌다. 엄마 역할을 수행하면서 성숙해지는 것과 의사로서 성장하는 것이 온전히 같은 일은 아니지만 비슷한 면이 많다.

나는 지금도 의사로서 엄마로서 성장하는 중이다. 경험이 쌓일수록 여유가 생기는 것은 꽤나 즐거운 일이고 나 자신을 더 좋아하게 만든다. 아이의 나이만큼 엄마로서 성장하는 나는 다음과 같은 사실을 깨달았다.

'첫째 아이를 키울 때 유난히 걱정했던 것이 둘째를 키우면서 보니 별 거 아니네. 역시 아이를 키우는 것은 해봐야 아는 것이구나.'

'작년에 비해 이번 새 학기는 무난하게 넘어가는구나. 학교 보내는 것이 처음에는 힘들지만 하다 보니 요령이 생기네.'

'아이 일은 내 뜻대로 안 되는구나. 내가 아무리 말해도 고쳐지지 않던 아이의 버릇이 담임선생님을 통해서 자연스럽게 없어지네.'

'엄마를 해보지 않았다면 내 마음대로 안 되는 일이 꽤 많다는 사실을 배우지 못했을 거야. 힘든 상황에서 아이와 함께 견뎌냈다는 것이 뿌듯해.'

좋은 엄마 vs. 최선의 엄마

대부분의 엄마는 좋은 엄마가 되기 위해 노력한다. 좋은 엄마라는 것 자체가 막연하고 주관적이기에 자신이 좋은 엄마가 되었다고 만족하기는 어렵다. 아이를 위해 열심히 노력하는 엄마들 중 자신이 아이를 가장 잘 알고 있고 적절한 반응을 해줄 수 있다고 생각하는 '양육 효능감'이 낮은 경우가 많다.

다양한 육아 정보를 찾아내고 관련 서적을 읽지만 내용을 그대로 따라하기는 힘들어 자신은 좋은 엄마가 아니라고 느끼며 좌절한다. 부모가 되기 전 엄마는 여러 가지 경험을 통해 좋은 사람, 완벽한 사람이 되려는 욕심을 버리는 것이 편하다는 것을 알고 있다. 그런데 아이에게만큼은 좋은 엄마가 되고 싶다는 환상을 가진다.

아이와 함께 시간을 보내며 서로 감정을 나누는 것이 가장 중요하다. 그런데 좋은 엄마가 되어야 한다는 생각에 사로잡혀 아이와 소소한 즐거움, 기쁨을 누리지 못하는 것은 안타까운 일이다. 그러기에 막연한 환상 속의 좋은 엄마와 내가 할 수 있는 최선의 엄마를 구분하자.

'나는 요리를 잘 못하지만 아이와 재미있게 노는 것은 잘해. 즐겹게 놀아주면 기뻐하는 아이를 볼 때 내가 최선을 다하고 있다는 생각이 들어. 모든 것을 잘해야만 좋은 엄마는 아닐 거야.'

'아이에게 공부를 가르치다 보면 자꾸 화를 내게 돼. 성격이 급해서 인내심을 갖고 아이를 기다려주는 것이 너무 힘들어. 아이와 잘 맞는 선생님께 맡기는 것이 더 낫겠어. 아이는 나와 운동하며 스트레스를 푸는 것을 좋아하니까 내가 잘할 수 있는 엄마 역할에 집중하자.'

좋은 아이에 대한 환상과 좌절

나는 대부분의 아이는 부모에게 좋은 아이가 되고자 노력한다고 생각한다. 아무리 부족한 엄마여도 아이에게는 꽤 많은 것을 해준다. 그것을 받은 아이는 본능적으로 좋은 아이가 되어서 엄마에게 기쁨을 주려고 한다.

그리고 유치원에서, 학교에서 좋은 아이가 되어야 한다는 메시지를 받는다. 아이는 잘하려고 하다가 실패하는 경험을 한다. 그 일이 반복되면 '내가 잘하고 있는 걸까? 내가 좋은 아이인가?' 하는 막연한 걱정을 하게 된다.

아이는 커가면서 자신이 잘하는 부분이 있고 부족한 면도 있다는 것을 배우게 된다. 실패와 좌절 없이 성장할 수는 없다.

아이가 실패를 경험하고 속상해할 때 부모가 "그럴 수 있어"라며 아이를 안심시키고 격려해야 한다. 아이는 좌절 후에 주변에서 힘을 얻고 일어나는 경험을 하면 더 큰 좌절이 와도 흔들리지 않는다.

부족한 엄마여서 미안해하고 자신 없어 하는 엄마를 보며 자란 아이는 자신의 부족한 점을 느끼면 무너지기 쉽다. 엄마가 노력하지만 안 되는 부분이 있다는 것을 받아들으면 아이도 실패나 좌절의 감정을 잘 극복할 수 있다.

엄마는 아이를 키우면서 좋은 엄마가 되는 환상을 가졌다가 좌절하지만 자신이 최선을 다하는 엄마임을 깨닫고 다시 힘을 낸다. 이러한 모습을 보면서 아이는 좌절을 하더라도 극복하는 과정을 자연스럽게 배우게 된다.

부족한 환경을
유익한 방향으로 바꾸기

아이를 키우는 과정에서 부족한 점은 늘 있다.
엄마가 부족한 상황에서 최선을 다하면
아이도 이러한 엄마의 모습을 따른다.

상담 과정에서 엄마들에게 자신이 원하는 일을 찾아서 하라고 권
하면, 아직은 어렵다는 대답을 많이 듣는다. 아이가 초등학교에 적
응할 때까지, 친구를 잘 사귈 때까지 아직은 엄마 자신에게 몰두
하기 힘들다고 한다.

한 가지 일이 끝나면 늘 다른 일이 생긴다. 경제적인 문제를 해
결해야 되고, 주변 어른들을 챙겨야 하며, 남들이 하는 만큼의 해
야 할 일도 있다.

앞으로의 일을 미리 대비한다고 해서 과정이 크게 달라지지 않
는 것이 양육이다. 엄마가 자신을 위해 시간을 내는 것이 어려운

것처럼 아이들도 하루 일과를 보내며 자신이 원하는 것을 찾아내는 일이 쉽지 않다.

"아이가 학교에 들어가니 신경 쓸 일이 너무 많아요. 다른 엄마들과 대화하다 보면 내가 무언가 놓치고 있는 것 같아요. 그걸 쫓아가는 것만 해도 힘들어서 나 자신을 들여다보기 힘들어요."

"저는 아이가 잘 지내기만 하면 괜찮아요. 일단 그것만 해결되면 나 자신을 돌아보는 일을 생각하려고 해요. 자신이 원하는 것을 찾아보라고 하는 선생님 이야기가 사실 마음에 와닿지는 않아요."

"학교에 갔다가 학원을 들러서 오면 저녁이에요. 그럼 숙제하고 자야죠. 토요일, 일요일에도 해야 할 일이 있고 친구들 만나서 노는 것도 쉽지 않아요."

"엄마는 나보고 꿈이 뭐냐고 하는데 잘 모르겠어요. 지금 배우는 것만 해도 벅차요. 그런 것을 생각할 시간이 없어요."

엄마는 아이의 미래를 찾는 것을 도와주느라 바쁜데, 아이는 주어진 일을 하느라 미래를 생각할 겨를이 없다고 한다. 이 모순을 줄이려면 어떻게 해야 할까?

엄마와 아이가 일상에서 벗어나 충분한 휴식을 취하면 해결될까? 엄마가 아이로부터 벗어나 휴가를 다녀오거나, 아이에게 시간이 더 주어지는 방학이 되면 달라질까? 현재 주어진 일을 해 나가면서 부족한 환경에서 긍정적인 변화를 조금씩 이루어가는 과정을 엄마가 먼저 보여주자.

삶에는 부족함이 늘 있다

엄마는 하루의 시간을 나누어 아이를 챙기고 자신이 할 일을 해나간다. 직장을 다니는 엄마, 다니지 않는 엄마 모두 자신만의 짜여진 일정과 할 일이 있다. 반복되는 삶에는 늘 부족한 점이 생긴다. 회사에 다녀온 엄마는 아이에게 밥을 먹이고 준비물을 챙겨주느라 공부를 봐주지 못한다. 집안일과 양육을 혼자서 하는 엄마는 자신만의 시간을 갖기 어렵다.

부족한 점으로 인해 하지 못하는 일도 있다. 하지만 부족한 점이 엄마를 더 깨어 있게 하고 움직이게 한다. 부족함을 느낄 때마다 이것이 자극이 되어 변화를 추구하게 된다.

직장을 다니는 엄마는 아이의 일상을 함께하지 못하기에 엄마가 놓치는 부분이 있을까봐 더 주의를 기울인다. 아이와 가정에 대부분의 시간을 쓰는 엄마는 자신의 본래 모습을 찾으려는 욕구를 강하게 느낀다.

"직장을 다니다 보면 아이에게 간식을 챙겨주고 학교 행사에 따라가기가 어려워요. 그렇지만 아이는 엄마가 일을 하며 성취하는 모습을 보면 직업이나 진로에 대해서 생각하는 데 자극이 될 거라고 생각해요."

"퇴근 후 아이와 같이 시간을 보내며 대화하는 시간을 충분히 가지려고 노력해요. 아이가 고민을 의논할 때 나의 사회 경험이 도움이 돼요."

"출산 후 일을 그만두고 아이를 열심히 돌봐주었기에 이제는 아이에게 할애하는 시간을 차근차근 줄여나갈 수 있어요."

"아이가 성장하면서 미래에 대해 스스로 고민하는 것을 보니까 엄마가 모든 것을 도와줄 필요는 없는 것 같아요. 아이가 스스로 원하는 것을 찾아가듯이 지금부터 내가 바라는 것을 찾아 시도해 보고 싶어요."

"내가 원하는 것이 무엇인지를 고민하다 보니 아이가 느끼는 막막한 감정이 무엇인지 알 수 있을 것 같아요. 나는 아이에게 네가 원하는 것을 하라고 했는데, 정작 나 역시 내가 하고 싶은 것이 무엇인지 잘 모르고 있었어요. 내가 하고 싶고, 할 수 있는 일이 무엇인지 나부터 스스로 먼저 찾아보려고 해요."

부족한 상황에서 아무리 애를 써도 당장 해결되지 않는 것들이 많다. 엄마는 주어진 환경에서 현재 할 수 있는 최선의 것을 찾아 노력한다.

부족한 상황에서 긍정적인 변화를 이끌어내는 엄마를 보며 아이도 자신의 부족한 상황에 대해 실망하지 않고 이를 삶의 자극으로 활용한다. 현실에는 늘 부족함이 있기 마련이고, 아이와 엄마는 그 안에서 최선을 다함으로써 변화를 이루어갈 수 있다.

현재 엄마의 삶에서 한 발짝씩
앞으로 나아가면 된다

완벽한 사람은 없기에 엄마라는 존재는 늘 부족하다.
부족한 엄마로서의 모습을 인정하고
엄마의 삶에서 원하는 방향으로 조금씩 변화하자.

엄마 스스로 자신이 부족하다고 생각하는 순간은 언제일까? 아이가 자신의 일을 스스로 해내고 책임지기 전까지 아이는 엄마의 도움이 필요하다. 아이가 어리고 미숙해서 어려움을 겪을 때 엄마가 해결해주지 못하면 엄마는 그것이 자신이 부족해서라고 생각한다.

4세 아이가 시도 때도 없이 엄마에게 이것저것 해달라고 보채면 엄마는 자신이 아이의 욕구를 충분히 채워주지 못해서라고 여긴다. 9세 아이가 친구들이 자신을 싫어하는 것 같다고 걱정할 때 엄마는 아이의 자존감을 높여주지 못한 것 같아 속상하다. 11세 아이가 남들의 눈치를 볼 때 내가 구박을 해서 그런 것인지 걱정이 된다.

4세 아이는 원하는 것을 표현해보고 엄마가 어디까지 허용해주는지 확인한다. 이는 엄마가 아이의 욕구를 받아주지 않아서가 아니라 아이가 욕구를 표현하고 주변 반응에 따라 조절하는 것을 연습하는 시기이기 때문이다.

9세 아이는 자기중심적으로 생각하던 것에서 벗어나 친구의 반응에 신경 쓰기 시작한다. 내가 기대했던 반응을 친구가 해주지 않으면 속상해하고, 여러 번의 시행착오를 거치며 친구가 좋아하는 말과 행동을 알아낸다. 아이가 친구의 반응에 실망하는 것은 엄마가 아이에게 적절한 반응을 주지 못해서가 아니다.

11세 아이는 부모에게 인정받는 것보다 학교 선생님과 주변 어른들의 칭찬을 받고 싶어 한다. 다른 사람의 반응에 신경 쓰면서 사회적으로 인정받는 모습이 어떤 것인지 배워간다. 아이가 나이에 맞는 발달을 하기 위해 힘겨워할 때 엄마로서 부족한 것이 영향을 미쳤다고 섣부르게 생각할 필요는 없다.

아이 앞에서 엄마로서 부족하다고 여길 때도 있지만 한 인간으로서, 여성으로서 부족하다고 자책하는 경우도 있다. 주변 엄마들과 자신을 비교하며 스스로를 잘 관리하지 못했다고 판단하기도 한다. 아이들을 키우면서 취미 활동과 자신의 일을 해나가는 엄마를 보면서 상대적으로 자신은 부족하다는 생각을 한다. 또한 아이에게 필요 이상으로 화를 내고 감정 조절을 잘 하지 못하는 자신에게 실망한다.

직장생활을 하며 경제적인 능력을 가지고 대인관계를 활발하게 하는 엄마를 보면 가족에게 모든 에너지를 쏟는 엄마는 상대적 박탈감을 느낀다. 그동안 아이, 가정에 몰입했던 자신의 노력이 초라해 보인다.

사람에게 주어진 에너지와 시간은 한정되어 있다. 한 가지에 치중하면 나머지는 소홀해질 수밖에 없다. 외부 활동이 많은 엄마가 가정 내 생활에도 완벽할 것이라는 생각은 버리자. 엄마라는 존재가 모든 일에 태연하고 감정 조절을 완벽하게 하는 사람은 아니다.

특히 아이에 대한 감정은 조절하기가 어렵다. 그것은 소아정신과 의사인 나도 마찬가지이다. 배운 대로 한다면 아이의 감정을 잘 이해하고 반응해줘야 하지만 감정에 치우쳐 아이의 반응을 무시하기도 한다.

그래서 내가 상담할 때 엄마들에게 조언하는 말을 실제로 내 아이에게는 실천하지 못하는 경우가 많다. 하지만 나는 자신을 자책하지 않으려고 애쓴다. 소아정신과 의사이기에 엄마로서도 완벽해야 된다는 생각은 아이를 편하게 대할 수 없게 만든다. 내가 할 수 있는 엄마로서의 장점을 찾으며 부족한 점을 상쇄시키려 애쓴다.

엄마 역할을 하면서 인간으로서, 여성으로서의 자신을 발전시키기란 쉽지 않다. 모든 엄마들은 나름대로의 부족한 모습이 있다. 내가 가진 부족한 모습과 다른 엄마의 좋은 모습을 비교하지 말자.

엄마는 늘 부족하다

엄마로서의 경험이 부족한 나는 조심스럽게, 모든 엄마는 늘 부족하다고 생각한다. 좋은 엄마냐, 부족한 엄마냐를 판단하는 것은 매우 주관적인 일이기에 나는 모든 엄마는 부족하다는 결론을 내렸다.

엄마가 스스로 부족하다고 여긴다면 자신의 부족함을 알고 이를 조금씩 채우면 된다. 완벽하려고 애쓰기보다 현재보다 아주 조금, 한 발짝 앞으로 나가려고 하는 것이 부족한 현실을 유익한 방향으로 바꾸는 방법이다.

부족하지만 나쁘지 않은 엄마의 모습에 조금씩 견고해지면, 있는 모습 그대로 당당히 여기며 일상의 틈 사이에서 작은 변화를 시도하는 엄마는 충분히 좋은 엄마이다. 엄마가 성장 중이듯이 아이도 성장 중이다.

갑작스럽게 목표를 이룰 수는 없지만 지금 자신의 모습에서 조금씩 발전하는 것을 아이가 느끼면 된다. 다른 사람을 이해할 정도로 성숙해지거나, 자신의 일을 알아서 하는 능력은 갑자기 생기지 않는다.

하지만 아이는 자신이 원하는 방향으로 움직일 수 있는 내면의 힘이 있기에 성숙하고 주도적인 모습으로 변화해간다. 즉 엄마가 삶에서 갑작스러운 성취를 이루지 못하더라도 차근차근 노력하고 변화되는 모습을 보일 때 아이는 이를 통해 많은 것을 배운다.

엄마가 부족한 현실에서 꿈을 꾸고 그것을 이루기 위해 무언가 실천하는 것만으로도 충분하다. 아이보다 먼저 삶을 시작한 엄마가 한 발짝씩 앞으로 나아가고 조금 더 만족스러운 내가 되는 것을 보여주자. 이것을 실천하는 방법은 매우 다양한데, 몇 가지를 소개하면 다음과 같다.

아이는 자라면서 자신이 무엇을 할 수 있는지, 어떤 점에서 노력해야 하는지 알아간다. 그리고 엄마에게 내가 무엇을 해야 하는지 물어본다. 엄마가 아이에게 지금 노력해야 할 일들을 가르쳐주려고 할 때도 있다. 그러나 그러한 가르침보다 중요한 것이 엄마 스스로 자신의 삶에서 당장 할 수 있는 변화를 시도하는 일이다.

그럴 듯한 목표를 이루는 것이 아니더라도 현재 자신의 모습을 인정하고 아끼며 작은 변화를 이루려고 시도하는 엄마가 되자. 그런 엄마의 모습을 보면서 앞으로의 긴 나날을 준비해야 하는 아이는 자신을 발전시킬 힘을 얻는다.

작은 변화 10가지 목록

1. 지금 내가 하고 싶은 것을 찾아보기

2. 엄마가 된 이후 성장한 것을 스스로 칭찬하기

3. 내가 즐기는 것을 조금 더 본격적으로 해보기

4. 아이보다 나 자신을 우선순위에 두기

5. 친구, 주변인과의 관계를 보살피기

6. 10년 후의 내 모습을 예측하기

7. 지나간 일을 마음속에 붙잡고 있지 않기

8. 배우자에게 바라는 점을 정리해보기

9. 배우자와 함께 즐길 수 있는 것을 정하기

10. 혼자서 하는 것을 시도해보기

■ 독자 여러분의 소중한 원고를 기다립니다 ─────────────

메이트북스는 독자 여러분의 소중한 원고를 기다리고 있습니다. 집필을 끝냈거나 집필중인 원고가 있으신 분은 khg0109@hanmail.net으로 원고의 간단한 기획의도와 개요, 연락처 등과 함께 보내주시면 최대한 빨리 검토한 후에 연락드리겠습니다. 머뭇거리지 마시고 언제라도 메이트북스의 문을 두드리시면 반갑게 맞이하겠습니다.

■ 메이트북스 SNS는 보물창고입니다 ─────────────

메이트북스 홈페이지 www.matebooks.co.kr

책에 대한 칼럼 및 신간정보, 베스트셀러 및 스테디셀러 정보뿐만 아니라 저자의 인터뷰 및 책 소개 동영상을 보실 수 있습니다.

메이트북스 유튜브 bit.ly/2qXrcUb

활발하게 업로드되는 저자의 인터뷰, 책 소개 동영상을 통해 책에서는 접할 수 없었던 입체적인 정보들을 경험하실 수 있습니다.

메이트북스 블로그 blog.naver.com/1n1media

1분 전문가 칼럼, 화제의 책, 화제의 동영상 등 독자 여러분을 위해 다양한 콘텐츠를 매일 올리고 있습니다.

메이트북스 네이버 포스트 post.naver.com/1n1media

도서 내용을 재구성해 만든 블로그형, 카드뉴스형 포스트를 통해 유익하고 통찰력 있는 정보들을 경험하실 수 있습니다.

STEP 1. 네이버 검색창 옆의 카메라 모양 아이콘을 누르세요.   STEP 2. 스마트렌즈를 통해 각 QR코드를 스캔하시면 됩니다.
STEP 3. 팝업창을 누르시면 메이트북스의 SNS가 나옵니다.